KB072660

적당히
잊어버려도
좋은
나이입니다

Original Japanese title:

60 SAI KARANO 'WASURERU CHIKARA'

© 2023 Minoru Kamata
Original Japanese edition published by Gentosha Inc.
Korean Translation Copyright © 2024 by Gilbut Publishing Co., Ltd

Korean edition is published by arrangement with Gentosha Inc.
through The English Agency (Japan) Ltd. and Duran Kim Agency

이 책의 한국어판 저작권은 듀란킴 에이전시(Duran kim Agency)를 통해
저작권자와 독점계약한 (주)도서출판 길벗에 있습니다.
저작권법에 의해 한국 내에서 보호를 받는 저작물이므로 무단전재와 복제를 금합니다.

도쿄의대 노년내과 의사가 알려주는 인생 후반을 위한 현실 조언

적당히
잊어버려도
좋은
나이입니다

가마타 미노루 지음
지소연 옮김

더퀘스트

잊어버려라! 도발적인 메시지였습니다. 잠재적으로 치매 공포에 시달리며 사는 노년층을 대상으로 한 책이니까요. 저자는 잊음으로써 생겨난 빈자리를 자신에게 중요한 것들로 채우라고 말합니다. 각종 관습과 허례허식, 의무를 벗어던지고 스스로에게 친절히 대하라고, 힘을 좀 빼도 괜찮다고 다정한 오랜 친구처럼 조용히 속삭입니다. 이 따뜻한 책에 담긴 몸과 마음에 도움이 되는 충고들을 실천해보시기 바랍니다.

– 정희원 서울아산병원 노년내과 교수

이제 100세 시대라고 합니다. 얼마나 오래 사느냐보다 어떻게 건강하게 사느냐가 많은 사람의 관심사가 되었습니다. 건강하게 산다는 건 뭘까, 가끔 의문이 들기도 합니다. 내 나이보다 젊은 신체 능력을 갖는 것만이 건강하게 사는 것일까요? 나이 듦이 두려운 분들에게 이 책을 추천합니다. 중년 이후 노년의 삶의 방향성을 제시해주는 저자의 말을 따라가다 보면, 흘러가는 시간 속에 자연스럽게 녹아드는 나 자신을 온전히 받아들이고 사랑하게 될 것입니다.

– 김소형 한의학 박사, 유튜브 '김소형채널H' 운영자

올해 환갑을 맞이한 한 사람으로서, 무엇이 중요한지 생각이 깊어지던 차에 이 책을 읽으니 선배의 따뜻한 조언을 받는 듯한 느낌이 들었습니다. 다가오는 노년의 특성을 이해할 수 있었고, 잊어도 무방한 것이 무엇인지 알 수 있었습니다. 건강 관리, 감정 관리까지 짚어주고 있어 더욱 각별했습니다. 마음은 여전히 청춘이라 믿고 있어도 몸은 청춘이 아닐 것이고, 살아가는 태도와 나를 둘러싼 관계들도 청춘 때와 다를 수밖에 없겠지요. 이를 인정하고 노년을 준비하는 데에 이 책을 통해 도움을 받으면 좋겠습니다.

- 오평선 〈꽃길이 따로 있나, 내 삶이 꽃인 것을〉 저자

37년 경력의 노년내과 전문의가 들려주는 삶의 지혜가 빛나는 책입니다. 나이가 들수록 잊어도 되는 것들을 과감히 잊으며 건강과 행복에 진정으로 필요한 핵심만 간직하는 지혜를 일깨워줍니다. 의사이자 작가인 저자가 다년간의 경험과 통찰로 완성한 이 글이 인생 후반전을 맞이하는 이들에게 큰 힘과 용기가 될 것이라 확신합니다. 이제 60 이후의 삶을 새로이 디자인할 시간입니다.

- 단희쌤(이의상) 단희캠퍼스 대표, 유튜브 '단희TV' 운영자

중요한 것만 남기는
'잊는 힘'이 필요한 때

"그건 어떻게 됐으려나?"

"아, 그거? 그건 그렇게 됐겠지."

열차 안에서 문득 이런 대화를 들었습니다. 구체적인 내용은 아무것도 말하지 않았으나 대화가 성립되는 신기한 상황. 실제로 두 사람이 상상하는 '그것'이 같은 것을 가리키는지도 확실치 않지만, 절로 쓴웃음이 나왔습니다. 나이가 들면 고유명사가 퍼뜩 떠오르지 않아 이런 식으로 대화하는 경우가 흔하지요.

사람 이름이 기억나지 않고, 어제 저녁에 뭘 먹었는지

잊어버리고, 이미 가지고 있는 책을 또 사고……. 이렇게 하나둘 깜빡깜빡하게 되면 '결국 올 것이 왔구나' 하는 생각이 듭니다. 그런 일이 점점 잦아지면서 낙담하여 침울해지기도 하고요. 다음에는 절대 잊지 말아야겠다는 생각에 메모광이 되기도 합니다. 그만큼 많은 사람이 '잊는 것'은 곧 '좋지 않은 것'이라고 생각합니다.

우리는 어릴 적부터 무엇이든 잊어버리면 안 된다고 배웠습니다. 초등학교 때 손수건이나 소지품을 빠트리면 준비물 검사 시간에 야단을 맞았지요. 중고등학교 때는 역사적 사건이 일어난 연도나 원소 기호의 순서 따위를 잊지 않기 위해 노래까지 만들어 열심히 외웠습니다. 어른이 되어서도 마찬가지입니다. 우유 사 오는 걸 깜빡하면 배우자에게 잔소리를 듣습니다. 참으로 고단한 인생이지요.

그러나 인생에서 정말 잊으면 안 되는 것이 과연 얼마나 될까요? 스마트폰 비밀번호도 지문이나 얼굴 인증으로 바꾸면 외울 필요가 없어집니다. 좀 과장해서 말하면 '나는 누구, 지금은 언제, 여기는 어디'만 제대로 알면 나머지는 잊어버려도 어떻게든 됩니다. 인생의 8할은 대부분 아무래도 상관없는 것들이니까요. 아무래도 상관없는 것들에 파묻혀 정작 중요한 것을 보지 못하는 쪽이 더 큰 문제가 아닐까요?

본래 사람의 뇌는 잊도록 만들어졌습니다. 기억의 과정에는 입력(정보를 기억하는 것), 저장, 인출(정보를 떠올리는 것), 망각이라는 흐름이 있습니다. 애써 저장한 기억도 꺼낼 필요가 없으면 결국 망각의 창고 속으로 들어가게 됩니다.

AI는 인간의 잊는 힘을 결코 흉내 내지 못합니다. 방대한 기억을 계속해서 축적할 뿐이지요. 그 속에서 중요한 본질을 건져 올리려면 수많은 계산을 거쳐야 합니다. 잊어도 상관없는 일을 잊는 것은 오히려 기억이라는 기능의 중요한 요소인 셈이지요.

사람의 잊는 힘은 기억할 대상을 시간과 가치관, 때로는 의지라는 체에 걸러 취사선택하는 힘입니다. 잊는 힘을 적절히 이용하면 삶이 한층 편안해지고, 정체되어 있던 마음도 다시 움직이기 시작합니다.

불안과 집착 버리기, 사고방식 바꾸기, 새로이 시도하기, 다른 방법 찾기, 잠시 미뤄두기, 지금까지의 관점을 버리고 새로운 관점 갖기, 다른 사람과 자신의 인생을 인정하기, 깨끗이 흘려 넘기기···. 모두 잊는 힘이 바탕이 됩니다.

저는 어떤 사정 때문에 생후 20개월 무렵 낯선 사람의 집에 양자로 들어갔습니다. 물론 그 시절을 또렷이 기억하지는 못합니다. 하지만 "오늘부터 여기가 네 집이야. 이 사람들이 엄마랑 아빠고"라는 말을 듣고, 말로 표현하지는 못해도 심적으로 커다란 위기에 빠졌으리라 생각합니다. 그러나 잊는 힘이 있었기에 새로운 부모를 믿고 쑥쑥 자라나 지금의 제가 되었습니다.

2022년, 친어머니의 불단(가정에 고인의 위패를 모시고 공양을 드리는 단-옮긴이)에 절을 올릴 기회가 있었습니다. 새로 쓴 책에 '어머니, 낳아주셔서 감사합니다. 미노루 드림'이라고 적어 불단에 함께 올렸습니다. 버림받은 기억은 모두 잊었습니다.

어머니에게도 나름대로 어려운 결정이었겠지요. 그리

고 잊을 수 없는 결단을 잊으려 애쓰며 새로운 가정을 꾸려왔을 겁니다. 그렇게 돌봐온 집의 불단에서 어머니는 미소 짓고 있었습니다. 70년 만의 재회였습니다.

저의 잊는 힘은 해가 갈수록 점점 더 강력해졌습니다. 슬픔도, 분노도, 무엇이든 잊을 수 있게 되었지요. 잊는 것은 결코 나쁜 일이 아닙니다. 두려워할 필요도 없습니다. 오히려 잊음으로써 새로운 삶의 방식을 손에 쥘 수 있을지도 모릅니다.

특히 인생의 후반전이 시작되는 60대부터는 나를 무겁게 짓누르는 짐을 잊고, 나를 옭아매는 족쇄를 잊어야 합니다. 무엇이 정말 소중한지 확인하기 위해서라도 적극적으로 잊는 자세가 중요합니다. 이는 팔팔하게 그리고 훌쩍 90세의 벽을 뛰어넘는 비결이기도 하지요.

마음을 좀 더 가뿐하게 만들어줄 잊는 힘의 세계 속으로 이제 함께 들어가 봅시다.

차례

<table>
1장
</table>

60부터는 잊어야 산다
쓸데없는 것들은 버리고 오직 나를 위해서만

5장

세상이 말하는 정답을 잊는다

단순하게, 홀가분하게 누리는 인생 후반

60부터는
잊어야 산다

쓸데없는 것들은 버리고
오직 나를 위해서만

대부분의 망각은
건강하다

 50년 가까이 내과 의사로 일하면서 많은 사람이 무언가를 잊어버리는 데 공포를 느낀다는 사실을 깨달았습니다. 특히 걱정이 많은 분들은 '설마 치매인가?' 하는 조바심에 진료를 받으러 오기도 합니다. 하지만 검사를 몇 가지 해보면 그 나이에 충분히 생길 수 있는 건망증인 경우가 대부분이지요. 괜찮으니 걱정할 필요 없다고 친절하게 설명하면 환자는 그제야 안심한 표정을 짓곤 합니다.

 '혹시 치매 아닌가?'라는 의심을 불러일으키는 가장 흔한 증상은 바로 작업 기억의 저하입니다. 작업 기억이란 워킹 메모리working memory, 다른 말로 단기 기억이라고도 합니다. 어떤 일을 할 때 알아야 하는 작업 방법이나 순서를 일이 끝날 때까지 일시적으로 기억해두는 힘이지요. 다시 말해 작업이 끝나면 잊어버려도 되는 기억입니다.

작업 기억력이 저하되면 능률이 오르지 않습니다. 예를 들면 어떤 일을 할 때 설명서를 한 번 보고 쭉 할 수 없고, 계속 다시 보고 진행 과정을 하나하나 확인하며 해야 합니다. 실수도 많아집니다. 요리할 때 냄비를 불에 올려놓은 걸 잊고 채소를 썰다가 음식을 태우는 경우도 있습니다.

작업 기억력의 저하는 노인들만의 문제가 아닙니다. 비교적 젊은 세대들도 코로나 시기에 외부와 단절된 생활을 하는 바람에 뇌가 받는 자극이 감소하면서 중요한 서류를 잃어버리거나 적어야 할 내용을 깜빡하는 등 실수가 많아졌다고 합니다.

작업 기억력을 확인할 때는 환자들에게 다음과 같은

테스트를 진행합니다.

"지금부터 말하는 네 가지 숫자를 기억해주세요. 0, 3, 4, 1."

그러고 나서 잠시 다른 이야기를 한 다음 마지막에 질문을 던집니다.

"아까 말한 숫자 기억하시나요? 그 숫자를 거꾸로 말해보세요."

답은 '1, 4, 3, 0'입니다. 종이에 쓴 숫자를 거꾸로 읽는 건 쉽지만, 입으로 말한 숫자를 기억해두었다가 나중에 떠올리면서 반대로 말하기는 만만치 않습니다. 작업 기억이 정상적으로 작동하지 않으면 쉬이 해내지 못하지요. 여러분도 가족이나 친구와 서로 문제를 내보세요.

제대로 답하지 못해도 속상해할 필요는 없습니다. 경도인지장애MCI는 치매 발병 전 단계인데, 이 단계에서 손을 쓰면 연령대에 맞는 인지 기능을 되찾을 수 있으니까요.

경도인지장애를 개선하고 치매를 예방하는 방법으로

코그니사이즈Cognicise를 추천합니다. 코그니사이즈는 몸을 움직이며 머리를 쓰는 것처럼 두 가지 행동을 동시에 하는 '두뇌 체조'를 가리킵니다. 꾸준히 코그니사이즈를 실천한 경도인지장애 환자 중 절반이 정상적인 상태가 되었다는 연구 결과도 있습니다.

2022년 2월 토크쇼 〈테츠코의 방〉(소설 《창가의 토토》 저자인 구로야나기 테츠코가 진행하는 방송-옮긴이)에 출연했을 때 구로야나기 씨에게 코그니사이즈를 알려주었습니다. 1부터 숫자를 세면서 5의 배수가 나올 때마다 끝말 잇기를 하는 방식이지요. 예를 들면 "1, 2, 3, 4, 오렌지, 6, 7, 8, 9, 지하철, 11, 12, 13, 14, 철학자…" 같은 식으로 차례차례 이어가면 됩니다. 혼자서도 할 수 있고 여럿이 함께 해도 좋습니다.

코그니사이즈는 리듬을 유지하며 일정한 속도로 말하는 것이 포인트인데, 하다 보면 숫자와 단어가 뒤죽박죽되어서 우왕좌왕하게 되지요. 하지만 이렇게 우왕좌왕할 정도로 어려워야 뇌에 좋은 자극이 되니 틀리거나 말문이 막혔다고 걱정하지 않아도 됩니다.

　중요한 것은 정답을 맞히는 일이 아니라 정답을 내놓기까지 우왕좌왕하고 갈팡질팡하면서 "꼭 풀고 말거야!" 하는 적극적인 마음가짐으로 뇌를 활성화하는 것입니다.

무언가를 잊는 것은 대부분 건강한 망각이다.
치매를 걱정하기보다는 우왕좌왕 갈팡질팡하며
단기 기억력을 단련하자.

나이 들면서 더 발전하는
인지 능력이 있다

"나이가 들면 인지 능력이 떨어진다."

이 말은 과연 사실일까요?

미국 워싱턴대학교에서 고령자와 20대를 대상으로 여섯 가지 인지 테스트를 실시했습니다. 그 결과 20대가 기억력과 인지 속도 면에서 더 뛰어났습니다. 모두가 예상한 결과이지요.

하지만 언어 능력, 공간 지각력, 단순 계산 능력, 추상적 추론 능력에서는 의외로 고령자가 더 뛰어났습니다. 또한 피험자의 15퍼센트는 고령이 된 후 젊은 시절보다

인지 능력이 더 좋아졌다는 사실도 밝혀졌습니다. 이러한 결과를 보면 '나이가 들면 뒤떨어지기 마련'이라는 생각은 고정관념에 불과하다는 걸 알 수 있습니다. 인간은 죽을 때까지 계속 성장합니다.

물론 나이가 들수록 치매 발병률은 높아집니다. 일본 정부가 발간한 〈2022년 고령사회백서〉에 따르면, 노년에 돌봄이 필요해지는 여러 원인 중 치매가 18.1퍼센트로 가장 큰 비중을 차지한다고 합니다. 하지만 치매에 걸릴 확률이 높다는 사실만으로 나이 듦을 쇠퇴라는 관점으로 보는 건 잘못된 생각입니다.

노년은 쇠퇴하는 시기, 돌봄이 필요한 시기라는 인식이 강하지만, 한편으로는 자녀를 독립시키고 일선에서도 물러나 홀가분해지는 시기이기도 하지요. 자유는 나이 듦의 특권입니다.

저는 'PPH(팔팔하게, 홀쩍)'라는 삶의 방식을 권합니다. 팔팔하고 건강하게 살다가 홀쩍 저세상으로 간다는 뜻이지요. 노화도 병도 요리조리 피하며 나답게 자유로이 살아온 사람일수록 자기 인생을 깨끗이 받아들이고 훌쩍 떠날 수 있습니다.

지금까지 해온 일을 한층 더 깊이 파고들어도 좋고, 완전히 새로운 일을 시작해도 좋습니다. '나이 들면 쇠퇴한다'는 부정적인 이미지를 잊고 내가 원하는 방식으로 나이 들 수 있도록 새로운 길을 만들어보면 어떨까요?

나이가 들면 자유라는 특권이 생긴다.
고정관념으로부터 벗어나 홀가분하게 살자.

실제보다 열두 살 어린
기분으로 산다

"자신이 몇 살이라고 느끼시나요?"

40세 이상의 중년층과 노년층 약 5,000명에게 이와 같이 질문한 결과, 실제 연령보다 어리게 대답한 사람일수록 일상생활 동작의 기능 저하가 더디게 일어난다는 사실이 밝혀졌습니다. 독일 노인학센터에서 진행한 연구 결과입니다.

생각의 힘이란 참으로 대단합니다. '나는 젊다'고 생각하면 스트레스도 완화됩니다. 게다가 젊음을 유지하기 위해 자기 자신을 열심히 관리하게 되면서 실제로도 더 자주 젊음을 느끼게 되고 점점 더 자신이 젊다고 믿게 됩니다. 좋은 환경이 만들어지는 셈이지요. '병은 마음먹기에 달렸다'라는 말이 있는데, 젊음도 마음먹기에 달렸다고 볼 수 있습니다.

젊음에 관한 재미있는 연구 결과가 하나 더 있습니다. 남덴마크대학교에서 쌍둥이를 대상으로 실시한 연구이지요. 연구진은 70세 이상의 쌍둥이 1,826명을 7년에 걸쳐 추적 조사했습니다.

피험자의 얼굴을 사진으로 찍어서 다양한 연령층에게 보여주고 인물의 나이를 추측하게 했습니다. 그 결과 실제 나이보다 젊어 보이는 사람일수록 신체 능력과 인지 기능이 더 높고, 수명과 깊은 관련이 있는 백혈구의 텔로미어telomere도 길었습니다. 실제로 더 오래 산다는 사실 또한 밝혀졌고요.

비슷한 유전자를 가진 쌍둥이임에도 겉모습에 따라 수명이 달라진다니 놀랍습니다. 그렇다면 '젊어 보이는 외모'는 과연 어디에서 비롯될까요. 바로 유전자가 아니라 평소 생활 습관과 환경입니다.

저는 이 두 가지 연구를 보고 실제 나이를 잊기로 했습니다. 실제 나이보다 열두 살 어렸던 시절을 떠올리며 일하고 취미를 즐기고 옷을 입으면 천천히 나이 들 수 있을 테니까요.

그러던 어느 날 체성분 분석 기기에 올라갔더니 신체 나이가 실제 나이보다 훨씬 어리게 나왔습니다. 절로 신이 나 그 이후로 점점 더 걷기와 근육 단련에 힘쓰게 되었습니다. 젊다는 생각이 실제로 더 젊은 나를 만들어주고 있는 것입니다.

나이는 얼마든지 속여도 된다.
젊다고 생각하면 젊어진다.
겉모습이 어리면 몸도 마음도 어려진다.

타인의 평가는 물론이고
자기 평가에도 휘둘릴 필요 없다

과거의 경험이나 믿음 때문에 비합리적인 판단을 내리는 현상을 '인지 편향'이라고 부릅니다. 사람들은 자기도 모르는 사이에 인지 편향에 사로잡히곤 합니다.

저는 초등학교 때 담임 선생님에게 이런 말을 들은 적이 있습니다.

"넌 IQ가 그리 높지 않구나."

선생님이 무슨 의도로 그런 말을 했는지는 모릅니다. 당시 저는 반장이었고, 공붓벌레까지는 아니지만 노력하면 잘할 수 있는 아이로 보였으니 선생님에게는 제 IQ가 의외였을지도 모르지요.

하지만 저는 제 IQ에 쉽게 수긍했습니다. 같은 학년 친구들만 둘러보아도 저보다 훌륭한 학생이 아주 많았으니까요. 특히 명문 고등학교에 들어간 뒤에는 저보다 능력이 훨씬 뛰어난 사람이 많다는 사실을 확실히 깨달았습니다.

고등학교 첫 영어 시험에서는 전체 450명인 학년에서 거의 꼴등을 했습니다. 100점 만점에 11점을 받았지요. 저는 그 답안지를 전교 1등부터 10등까지의 이름이 발표되어 있는 게시물 옆에 가져다 붙였습니다. 스스로를 구경거리로 만든 셈이었지요. 그러자 마음이 날아갈 듯 홀가분해졌습니다. 그리고 이렇게 생각했습니다.

'이 시험에서는 꼴찌였지만, 고등학교는 3년 동안 다니는 거니까 3년 안에 좋은 결과를 내면 돼.'

한편 IQ가 높지 않아도 다른 사람보다 두 배로 열심히 공부하면 어떻게든 된다는 사실도 알았지요. 그 덕에 빼어난 친구들 사이에서 제가 뛰어나다고 착각하지도, 반대로 열등감에 사로잡히지도 않았습니다.

스스로가 뛰어나다고 착각하지 않는 능력, 또한 스스로를 비하하지도 않는 능력, 이 두 가지는 현실적으로 살아가기 위해 필요한 힘일 테지요.

하지만 대부분의 인간은 자기 자신조차 올바르게 평가하지 못합니다. '더닝 크루거 효과'라 불리는 인지 편향만 봐도 알 수 있죠. 이 인지 편향은 능력이 부족한 사람은 자신을 높게 평가하는 반면, 능력이 뛰어난 사람은 자신을 과소평가하는 현상을 가리킵니다. 이 때문에 가장 능력이 부족한 사람도, 또 가장 능력이 뛰어난 사람도 모두 자신이 중간 정도의 능력을 가졌다고 착각하고 살고 있다는 겁니다.

그러니 '나는 우수하다' 또는 '우수하지 않다'라며 휘둘릴 필요가 없지 않을까요? 뛰어나면 어떻고 부족하면 어떤가요? 나 자신도 나를 제대로 알지 못하는데 하물며 타인의 평가가 정확할까요?

학창 시절에는 성적·등급·출신 대학으로, 사회에 나가서는 회사 이름이나 수입으로, 우리는 이런저런 기준으로 평가받으며 살아왔습니다. 일선에서 물러나 그런 것들로부터 졸업했건만, 여전히 거기에 사로잡혀 있는 사람도 있고요. 그중에는 자녀나 손주들에 대한 평판을 자신의 평판처럼 여기는 사람도 있습니다. 하지만 그런 일로 일희일비해봤자 마음만 공허해질 뿐입니다. 이제는 그런 평가로부터 벗어나도 좋습니다.

자신을 과대평가할 필요도, 과소평가할 필요도 없다.
1등이든 꼴등이든 잘 살아왔다고 자신을 칭찬해주자.

내 젊음을 그리워하지 않는다.
내겐 지금 이 나이가 있으니까.

- 코코 샤넬

인생의 8할은 잊어버려도
상관없는 것들이다

"모든 성과의 80퍼센트는 일에 들인 시간의 20퍼센트에 의해 만들어진다."

이것은 이탈리아의 경제학자 빌프레도 파레토가 주장한 분포에 관한 통계적 법칙입니다. '파레토 법칙'이나 '20:80법칙'이라고도 불리지요.

20퍼센트의 일개미가 전체 식량의 80퍼센트를 책임진다는 이야기도 같은 맥락입니다. 개미를 자세히 관찰해보면 모든 개미가 똑같이 일하지 않는다는 사실을 알 수 있습니다. 부지런히 일하는 개미가 20퍼센트 정도라면, 일하지 않는 게으른 개미도 20퍼센트입니다. 부지런히 일하던 개미가 지쳐 쓰러지면 일하지 않던 개미가 팔을 걷어붙이니 결국 한 개미집에서 열심히 일하는 개미의 비율은 변하지 않습니다. 참으로 신기하지 않은가요?

전체에서 중요한 역할을 하는 것은 단 20퍼센트뿐. 그러니 핵심이 되는 부분만 잘 유지하면 나머지는 내버려두어도 문제없다는 이야기입니다.

인생도 그렇습니다. 나라는 사람의 중심이자 나를 나답게 만드는 무언가, 밥도 잠도 잊고 몰두할 수 있는 무언가는 20퍼센트 안에 있습니다. 이것만 꼭 붙잡으면 인생의 80퍼센트는 잊어버려도 상관없습니다.

우리 모두 이미 경험한 바 있지 않나요? 화려한 레스토랑에 가서 식사를 하거나 값비싼 차의 주인이 되는 것, 남부럽지 않은 집에서 사는 것 등은 그리 중요하지 않습니다. 이런 건 잊어버려도 좋은 80퍼센트이지요.

가족과 밥 한 끼 함께할 수 있는 시간, 내 발로 걸어서 산책할 수 있는 체력, 내가 좋아하는 음악을 듣거나 책을 읽을 수 있는 공간이 있다면 나머지는 아무래도 좋습니다. 이 정도가 꼭 필요한 20퍼센트입니다.

20:80법칙을 적용해보면, 일도 인생도 크게 달라집니다. 60 이후, 이제는 정말 중요한 인생의 2할에 집중해보면 어떨까요?

중요한 20퍼센트에만 전력투구하자.
나머지 80퍼센트는 용기 있게 놓아주어도 괜찮다.

조금 못하는 사람이
더 성장한다

"자네는 글씨를 아주 못 쓰는구먼. 감사 편지 쓰는 것도 매번 늦지?"

일본의 그리운 옛 풍경을 담아내는 나이브 아트naive art 화가 하라다 다이지 씨에게 붓글씨를 배웠습니다. 어떻게 해야 감사 편지를 잘 쓸 수 있는지 배우고 근사한 붓펜도 선물받았습니다. 하라다 씨는 문외한이 보기에도 대단하다고 느낄 정도로 명필이었습니다. 도무지 흉내 낼 엄두도 나지 않을 만큼 멋진 글씨였지요.

하라다 씨만큼 훌륭한 글씨를 쓸 수는 없겠지만 저도

저만의 방식으로 좋은 글씨를 쓸 수 있을지 모른다는 생각이 들었습니다. 바로 '감사'나 '마음'처럼 꼭 전하고 싶은 글자만 크게 강조해서 쓰는 방법이지요. 못생기고 서툴러도 상관없으니 전하고 싶은 말만 제대로 전하자는 마음으로 쓰기 시작했습니다.

'지지리 못하는 사람'의 반대말은 어쩌면 '지지리 잘하는 사람'이 아닐까 싶습니다. 잘하는 사람은 자신의 기술에 자신감이 그득해서 다른 사람을 보고 배우거나 누군가의 조언을 겸허하게 받아들이려 하지 않는 경향이 있습니다. 그래서 더 앞으로 나아가지 못합니다. 능숙하고 빼어나지만 또 다른 무언가를 잘 받아들이지 못하는 것이 바로 지지리 잘하는 사람이지요.

반면 지지리 못하는 사람은 자신이 미숙하고 서툴다는 사실을 알기에 다른 사람의 조언을 기꺼이 받아들입니다. 꾸준히 노력하면서 스스로를 성장시킬 줄 압니다. 그래서 저는 지지리 못하는 사람이 더 좋습니다.

완벽하게 잘하지 못해도 됩니다. '그땐 참 창피했지', '너무 서툴렀지' 하고 후회하는 일도 좀 못해도 괜찮다고 생각하면 마음이 편해집니다. 산책을 나섰다가 우연히 만난 꽃을 그림으로 그려보고 시도 지어보고…. 잘하지는 못하겠지만 마음의 여유를 가지고 지지리 못하는 자신을 즐겨보면 어떨까요?

지지리 못하는 사람에게는 겸허함과 가능성이 있다.
실패를 두려워하지 않고 도전하면 뇌도 젊어진다.

'쉼 없는 노력' 대신
'아무것도 하지 않는 시간'을 택한다

평소 요리를 자주 하는 편은 아니지만 '간편 요리'에는 제법 관심이 있습니다. 통조림과 손질된 채소 등을 한데 담고 전자레인지에 돌리면 끝. 3~5분 정도만 데우면 맛있는 요리가 금방 완성됩니다. 요리를 못하는 사람, 바빠서 요리할 여유가 없는 사람에게 이렇게 적당한 요령은 아주 소중한 지혜이지요.

간단한 전자레인지 요리도 조리가 끝난 후 뚜껑을 덮어둔 채 잠시 기다리면 남은 열 덕분에 맛이 깊이 스며들어 한결 더 맛있어집니다. '아무것도 하지 않는 시간'이

맛의 한 끗 차이를 만들어내는 겁니다.

아무것도 하지 않는 시간의 효과는 다양한 곳에서 찾아볼 수 있습니다. 예를 들어 스포츠의 경우, 야구의 배팅도 테니스의 서브도 연습 후 잠시 쉬고 나서 실력이 껑충뛸 때가 있습니다.

왜 이런 일이 일어날까요? 열쇠는 뇌가 지닌 망각의 힘에 있습니다. 연습을 마치고 얼마간 휴식을 취하면 가벼운 망각이 일어나고, 이 과정이 운동 제어를 최적화하는 데 도움이 된다고 합니다. 즉 잊음으로써 정보를 정리하고 중요한 부분을 한층 두드러지게 기억하는 겁니다.

악기를 연주할 때도 쉼 없이 연주하기보다는 잠시 한숨 돌려야 더 멋진 연주를 할 수 있다고 합니다. 그동안연습으로 갈고닦은 기술이 쉬는 시간 동안 몸속으로 스며들어 한층 매끄럽게 표현되니까요.

어려운 문제를 풀 때도 그렇습니다. 머리를 싸매고 계속 생각하기보다는 잠시 기분을 전환하고 다른 생각을하다 보면 번뜩 답이 떠오르기도 하지요. 이 또한 아무것도 하지 않는 시간의 힘입니다.

저 역시 원고를 쓰다 막힐 때면 바깥으로 나가서 빨리 걷기와 천천히 걷기를 3분씩 번갈아 반복하는 '인터벌 걷기'를 합니다. 때로는 원고를 잊는 시간이 새로운 아이디어로 이어지기도 하니까요. 지금껏 그런 일을 여러 번 경험했습니다.

인생에서도 한 가지 일에만 지나치게 몰두하면 쉬이 답에 도달하지 못합니다. 때때로 멈춰 서서 머릿속을 비워야 생각지 못한 깨달음을 얻을 수 있습니다. 또한 이대로도 괜찮다고 현재를 받아들일 수 있게 됩니다. 성숙한 사람이 되기 위해서는 이처럼 아무것도 하지 않는 시간을 내 편으로 만들어야 합니다.

벽에 부딪쳤을 때는 머릿속을 비우자.
아무것도 하지 않는 시간이 번뜩이는 아이디어를 준다.

친구는
없어도 괜찮다

어떤 사람은 혼자 있는 시간을 견디지 못하고 늘 다른 사람과 연결되어 있기를 원합니다. 하지만 허울뿐인 관계에 마음은 여전히 공허하고 집단 안에 있을수록 오히려 고독을 느끼지요. 그리고 그 고독을 메우기 위해 타인을 더욱 더 갈망하게 됩니다.

하지만 한번 '혼자여도 괜찮다'고 각오를 다지고 나면 이런 악순환의 고리를 끊을 수 있습니다. 홀로 있는 시간 동안 자기 자신을 찬찬히 되돌아보면 가치관 또한 또렷해집니다. 지금 이대로도 충분하다는 만족감이 생기고 자존감도 높아지지요. 나아가 다른 사람에게 물들지 않는 자신만의 사고방식이 생기고 남과 다른 특별한 삶이 열리기도 합니다.

몇 년 전 각본가 하시다 스가코(드라마 〈오싱〉으로 잘 알려진 일본의 각본가 겸 작가-옮긴이) 씨와 함께 대담을 나누었을 때, 그녀는 이렇게 말했습니다.

"친구는 없어도 괜찮아요."

남편을 먼저 떠나보내고 혼자 남았지만, 그녀는 고립되어 있지 않았습니다. 단골 레스토랑의 셰프, 헬스클럽의 트레이너, 일을 함께하는 동료 등 다양한 사람과 관계를 이어가고 있었습니다.

마음속을 속속들이 내보일 만큼 깊은 인간관계가 아니라 적당한 거리감을 유지하는 느슨한 관계. 그런 관계가 사람을 더욱 성숙하게 하고 노년의 삶을 살아가는 데 있어 중요한 안전망이 되어줍니다.

나이가 들수록 '오늘 갈 곳'과 '오늘 할 일'이 무엇보다 중요합니다. 홀로 지내면서도 자주 찾는 가게의 직원과 인사를 나누고 반려견과 산책하며 학교 가는 아이들을 지켜보는 등 사회와의 접점을 놓지 않으면 그것으로 충분합니다.

뭐든 털어놓을 수 있는 친구가 있어도 좋다.
하지만 친구가 아니더라도
적절히 거리를 두는 관계면 충분하다.
결국 사람은 홀로 태어나 홀로 죽는다.

나이 들어가는 것은 아름다운 일이다.
세월의 흔적이 곧 인생의 깊이가 된다.

- 린 울만

부부가 늘 함께 있을
필요는 없다

오랫동안 별거해온 어떤 부부가 있습니다. 그렇다고 둘의 사이가 나쁜 것은 아닙니다. 자녀가 대학에 입학하며 독립한 뒤, 아내와 남편도 따로 집을 빌려 각자 일을 하며 자유롭게 생활하기 시작했다지요.

유일한 규칙은 하루를 마무리하며 반드시 전화를 한 통 하는 것입니다. 특별히 할 이야기가 없으면 "별일 없어? 응, 그럼 잘 자" 하고 통화를 마칠 때도 많습니다. 두 사람 중 누군가의 건강에 이상이 생겼을 때는 직접 만나 이야기를 나눕니다. 두 사람의 모습을 보면 이런 부부 관계도 괜찮다는 생각이 듭니다. 평소에는 각자 자유롭게 지내다가 무슨 일이 있을 때면 서로 돕는, 현명한 부부의 모습입니다.

오랜 세월 함께한 파트너가 곁에 있더라도 각각 홀로 있는 힘을 기를 필요가 있습니다. 혼자만의 힘을 단련하기 위한 비결은 세 가지입니다.

첫 번째는 상대의 영역에 지나치게 간섭하지 않는 것입니다. 아무리 막역하고 친밀한 사이여도 존중하는 마음을 가지고 적절히 거리를 유지해야 합니다.

두 번째는 다른 사람과 비교하지 않는 것입니다. 타인을 부러워하거나 시샘하는 감정은 다른 사람과 스스로를 비교하는 행동에서 비롯됩니다. 그러다 보면 다른 사람보다 못난 자신, 다른 이보다 행복하지 않은 자신이 가엾다는 생각에 빠지고 쓸쓸함에 매몰될지도 모릅니다.

세 번째는 혼자만의 시간을 가지고 무엇이든 혼자서 해보는 것입니다. 지금껏 아내에게 집안일을 모두 맡겼던 한 남성이 요리에 관심이 생긴 이후 일주일에 두 번씩 음식을 만들기 시작했다는 이야기를 들었습니다. 언젠가 혼자가 되더라도 계속 잘 살아갈 수 있는, 좋은 준비 운동이 되겠지요.

동시에 아내도 일주일에 두 번씩 남편의 식사 준비에서 해방될 수 있을 겁니다. 친구와 바깥에서 점심 식사를 즐기거나 취미에 열중할 수 있는 시간이 늘어난 셈이지요. 이 또한 아내가 혼자가 되었을 때를 대비하는 훌륭한 준비 운동입니다.

물리적으로 누군가와 함께 있지 않아도 정신적으로 오롯이 자립하면, 혼자만의 시간을 즐기며 뭐든 스스로 판단하고 결정할 수 있습니다. 저는 이렇게 홀로서기에 성공한 상태를 '솔로서기'라고 부릅니다.

자녀의 독립이나 정년퇴직 등으로 부부가 얼굴을 마주하는 시간이 길어지는 60대. 기나긴 노년기를 알차고 행복하게 보내기 위한 솔로서기를 시작하기에도 좋은 타이밍입니다. 혼자서도 식사를 잘 챙기고 집안일도 잘 해내고 취미 생활을 즐길 수 있다면, 앞의 예로 든 부부처럼 자유롭게 살 수 있겠지요. 이러한 모습이 요즘 많이 거론되는 '졸혼'의 한 형태일 겁니다. 한 번뿐인 인생을 마지막까지 후회 없이 살아가기 위해, 부부 사이에서도 인생 후반에 맞는 적당한 거리감을 찾아봅시다.

파트너와 늘 함께일 필요는 없다.
서로를 구속하지 않는 것이야말로 성숙한 관계다.

남자답지 않아도,
여자답지 않아도 괜찮다

베이비 붐 세대의 남성들은 고도의 경제 성장을 뒷받침하는 열혈 일꾼으로서 모두가 남자답고 강인한 모습을 보여야 했습니다. 아드레날린과 테스토스테론으로 가득한 사회에서 남자는 모두 '마초'여야 한다는 고정관념을 강요받았지요. '남자는 다른 사람 앞에서 눈물을 보여서는 안 된다', '남자는 강해야 한다'는 말을 들으며 온갖 압박에 시달렸습니다. 물론 여성들 역시 남성들과 다른 괴로움을 안고 있었습니다.

시간이 흘러 오늘날에 이르면서 젠더 프리gender-free라는 사고방식이 서서히 확산되었습니다. 남자든 여자든 상관없이 옷차림도 말투도 사뭇 자유로워졌지요. 참으로 바람직한 일입니다.

저도 평소 강연을 하거나 라디오 방송에서 이야기할 때, 어려운 의학 용어 대신 어린아이도 쉽게 이해할 수 있는 단어를 사용하려 하고 감정도 솔직하게 표현하려 노력하곤 합니다. 흥이 오르면 사람들이 흔히 '여성스럽다'고 하는 말투가 나오기도 합니다. 그런데 그러면 더 자유롭게 제 감정을 표현할 수 있습니다.

나긋나긋하고 다정한 언행으로 대표되는 유명 인사들도 남녀를 불문하고 풍부한 표현력 덕분에 한층 더 많은 사람들에게 영향력을 떨치게 되는 경우가 많이 있습니다. 이 역시 성별을 뛰어넘어 그 사람만의 매력적인 개성이 겉으로 드러나서가 아닐까요?

한 사람의 진정한 매력은 남자다움, 여자다움을 뛰어넘어 인간다움, '그 사람다움'에서 뿜어져 나오는 것 같습니다. 나이가 들수록 더 그렇지요. 남자로서의 나, 여자로서의 나는 엷어지고 본연의 나를 만날 수 있게 됩니다.

그러니 좀 더 홀가분하게 살아보면 어떨까요. 남성이
라도 좋아하는 드라마를 보며 실컷 눈물을 흘리고, 여성
이라도 하고 싶은 말은 속 시원하게 하며 자기다운 노년
을 살면 좋겠습니다.

성별에 얽매이지 않고
자신을 있는 그대로 자연스럽게 표현하자.

분위기를 파악해야 한다는
강박을 내려놓는다

저는 분위기를 제법 잘 파악하는 편입니다. 눈치가 빠르다고 할까요. 하지만 원장으로 일하던 시기에 병원 운영의 방향성을 정하는 데 있어서는 일부러 주변 분위기를 신경 쓰지 않으려 애썼습니다. 다른 병원이 하지 않는 일을 하는 병원, 환자가 병에 걸렸을 때 생명을 구할 수 있는 병원, 시민들이 애초에 병에 걸리지 않도록 지역사회의 건강을 지키는 병원을 만들기 위해 부단히 힘썼습니다.

그러나 주변 공기에 아랑곳하지 않고 행동하면 따돌

림을 당하거나 이상한 사람이라는 딱지가 붙기도 하지요. 또한 실제로 이상한 사람 취급을 받지 않더라도 그렇게 될까 봐 자신의 행동에 스스로 선을 긋거나 하고 싶은 말을 꾹 참고 억누르게 됩니다.

주변 공기는 공기일 뿐, 너무 어렵게 생각하지 맙시다. 그저 들이쉬고 내쉬면 그만입니다. 배를 부풀리며 숨을 들이마셨다면 그다음에는 배가 홀쭉해질 때까지 숨을 한껏 내뱉으면 됩니다. 흔히 말하는 복식 호흡이지요.

요령은 숨을 있는 대로 몽땅 내뱉는 것입니다. 끝까지 후련하게 내뱉으면 그만큼 신선한 공기를 들이마실 수 있습니다. 낡은 상식을 잊어버리면 새로운 생각이 자리 잡듯 말이지요.

호흡에 맞춰 횡격막이 오르락내리락하면 부교감 신경도 자극되어 자율 신경이 안정됩니다. 그러면 마음도 편안해집니다. 주변 공기로부터 자유로워져야 마음의 평화도 얻을 수 있다는 말입니다.

우리 모두 그동안 얼마나 다른 사람의 눈치를 보고 분위기를 맞추려 애쓰며 살아왔습니까. 지금까지의 노력으로도 충분합니다. 어느덧 인생 후반기에 접어들었고, 이제는 내가 옳다고 생각하는 대로 말하고 행동해도 상식에서 크게 벗어나지 않는 수준은 된 것 같습니다. 그러니 깊이 숨을 쉰 후 하고 싶은 대로 합시다. 분위기 같은 건 잊어버리고요.

분위기는 분위기일 뿐, 어렵게 생각하지 말자.
다른 사람 눈치 보지 말고
우선 나부터 제대로 숨 쉬면 된다.

사람은 나이를 먹는 게 아니라
좋은 포도주처럼 익는 것이다.

- 웬들 필립스

눈물이라는 빈틈을
보여도 좋다

젊은 시절에는 다른 사람 앞에서 눈물을 보이는 게 멋
없고 못난 일이라고 생각했습니다. 환자의 죽음을 마주
할 때도 절대 울면 안 된다고, 의사로서 프로 의식이 없는
행동이라고 여겼습니다.

제가 서른 살이 되었을 때 어머니가 돌아가셨습니다.
저를 아들로 받아들이고 키워주신 분이었습니다. 어머니
는 오랜 세월 무거운 심장병을 앓았습니다. 마지막에는
제가 운영하던 병원에 입원하셨지만, 결국 세상을 떠나

셨습니다. 저는 병원 동료들 앞에서 목 놓아 울었습니다.

눈물에는 스트레스 호르몬인 코르티솔을 배출하는 기능이 있습니다. 한바탕 울고 나서 후련한 기분이 드는 이유는 눈물을 흘릴 때 스트레스가 완화되기 때문이지요. 눈물을 흘리면 부교감 신경이 활성화되어서 혈액 순환이 좋아지고 마음도 차분해집니다.

육체적 고통을 느낄 때 나오는 눈물은 기분을 고양시키는 엔도르핀이라는 물질을 분비해서 아픔을 조금 잊게 해줍니다. 어린아이가 주사를 맞을 때 울음을 터뜨리면 "안 아파요. 울지 말고 뚝!" 하고 어르기도 하는데, 그러면 안 됩니다. 주사가 아프지 않다는 건 거짓말이고, 눈물을 참으면 아픔을 덜어낼 수 없으니까요. "살짝 따끔할 거야. 아프면 울어도 돼"라고 말하면 아이들은 마음의 준비를 하고 생각보다 차분하게 받아들입니다.

어머니를 잃고 사람들 앞에서 엉엉 운 뒤부터 우는 일에 대한 거부감이 사라졌습니다. 환자 앞에서도, 기쁠 때도, 슬플 때도 몇 번이고 울었습니다. 찡하니 눈시울이 뜨거워지고 눈앞에 눈물이 그렁그렁해지고 목소리가 떨려도 그냥 내버려두었지요.

제가 울면 환자도 '울어도 되는구나' 하고 마음이 놓이는 모양입니다. 진료실이나 병실에서, 때로는 임종을 맞이하는 현장에서 나란히 울고 웃었기에 힘겨운 현실을 헤쳐 나갈 수 있었습니다. 젊을 때는 다른 사람에게 빈틈을 보여서는 안 된다고 생각했지만, 나이가 들면서 빈틈이 인연의 씨앗이 된다는 사실을 깨달았습니다.

눈물과 웃음은 마음의 스트레칭과 같습니다. 좋은 영화와 드라마를 보거나 감명 깊은 책을 읽으며 마음껏 울고 웃어봅시다. 감정을 마음 가는 대로 드러낼 수 있다는 것은 정말 멋진 일입니다.

어른도 울고 싶을 때는 울어도 된다.
빈틈을 보이면 인간관계도 한 걸음 진전된다.

나 자신으로 돌아가는
나만의 장소를 만든다

우리에게는 가끔씩 스마트폰을 끄고 혼자가 되는 시간이 필요합니다. 일상 속에서 아무에게도 방해받지 않고 홀로 있을 수 있는 공간이 있다면 가장 좋습니다. 서재 같은 공간도 괜찮지만 저희 집 서재는 아래층에서 가족의 기척과 생활 소음이 들려와서 혼자 있는 기분이 들지 않습니다. 그럴 때 저는 다테시나호라는 호수 주변이나 근처 공원으로 향합니다.

천천히 숲속을 걷거나 스트레칭을 하면서 혼자만의 시간을 만끽합니다. 자주 가는 공원에는 특히 마음에 드는 나무가 있는데, 나무 그늘에 놓인 벤치에 기대 앉아 한 시간 정도 책을 읽기도 합니다. 마음대로 '독서 나무'라고 이름을 붙였지요. 저만의 비밀 공간 중 하나입니다.

지금은 일주일에 한 번만 내과 외래 진료를 보지만, 병원 일이 바빴던 시절에도 짬을 내서 병원에 있는 정원을 산책했습니다. 정원에는 정자가 몇 개 있는데, 5분 정도 가만히 앉아 뜰을 바라보고 있으면 마음이 환하게 밝아지곤 했지요.

육아나 간호로 눈코 뜰 새 없이 바쁜 사람, 무거운 병을 앓는 사람, 커다란 걱정거리를 안은 사람…. 이처럼 마음속에 무언가가 무겁게 눌러앉아 있는 사람일수록 걱정을 잠시 잊을 수 있는 은신처가 필요합니다. 어깨에 짊어진 무거운 역할을 잠시 잊을 수 있다면 얼마나 마음이 편안해질까요.

필요할 때마다 자신만의 공간에 찾아가 스스로를 백지로 되돌리고 '내가 원하는 나'를 새로이 골라봅시다. 그런 마음의 작업을 거듭하다 보면 어쩔 수 없이 떠맡아야 했던 책임도 "그래, 어쩔 수 없지 뭐" 하고 받아들일 수 있을지도 모릅니다.

저녁노을이 발갛게 펼쳐지는 옥상, 비행기가 날아오르고 내려앉는 풍경이 보이는 공원, 귀갓길에 간단히 소주 한잔 할 수 있는 술집의 카운터 끝자리, 화집이 한가득 꽂힌 헌책방의 책장 앞, 영화관에서 가장 좋아하는 자리 등 어디든 좋습니다. 일상에서 3분이든 5분이든 훌쩍 몸을 숨길 수 있는 장소를 마련해봅시다.

쉬는 시간은 잊기 위한 시간.
짊어진 짐을 잠시라도
내려놓을 수 있는 장소가 필요하다.

좋은 사람이 되어야 한다는
생각을 잊는다

　일본어에서 '상냥하다'라는 말은 '야위다'라는 말에서 비롯되었다고 합니다(야위었다는 뜻의 옛말 '야사시[瘦さし]'에서 상냥하다는 뜻의 '야사시이[やさしい]'가 생겨났다고 한다-옮긴이). 몸이 홀쭉하게 마를 정도로 괴롭다, 사람들 보기가 부끄러워 얌전하다, 조심스럽다는 의미에서 점차 다른 사람을 생각하고 배려한다는 의미로 쓰이기 시작했다고 하지요. 상냥하다는 말에는 자신의 이익을 잊어버린다는 뜻이 포함되어 있는 셈입니다.

상냥함은 누구에게나 있습니다. 다만 스트레스가 쌓여 다른 사람의 마음을 헤아릴 여유가 없거나, 어쩌다 보니 다정함을 행동으로 드러낼 기회를 놓칠 뿐입니다. 다들 하루하루 자기 삶을 사느라 고생이니까요.

한편 평소에 다정했던 사람도 시험이나 큰 행사를 앞두면 예민해지고 무뚝뚝해질 수 있습니다. 아무리 좋은 사람이라 해도 상대나 상황에 따라 언제든 '다른 사람은 상관없는 사람'이 되기도 하지요.

반대로 차갑게만 느껴졌던 사람도 의외로 따뜻한 반응을 보여줄 때가 있습니다. 또 막상 친해지면 상당히 다정한 사람이라는 걸 알게 되는 경우도 있지요.

결국 '좋은 사람' 같은 건 없는지도 모릅니다. 그러니 좋은 사람이 되려고 애쓸 필요가 없습니다. 애쓰다 보면 상대에게 바라는 게 많아져서 오히려 관계를 망치게 되지요. 좋은 사람이 되려고 애쓰기보다는 상냥함과 관련된 두 가지 호르몬에 대해 알아둡시다.

우리 몸에는 자신이 행복하다고 느낄 때 나오는 세로

토닌이라는 물질과 다른 사람을 행복하게 만들고 싶다고 생각할 때 나오는 옥시토신이라는 물질이 있습니다. 이 두 호르몬이 분비되면 자연히 다정한 행동을 많이 하게 됩니다. 다정한 행동을 많이 하면 다정한 사람이라는 말을 듣게 되고요.

좀처럼 행복을 느끼지 못하는 사람이나 다른 사람에게 상냥하게 대하지 못하는 사람도 세로토닌과 옥시토신이 얼마나 분비되느냐에 따라 살아가는 방식과 마음가짐이 조금씩 달라질 수 있습니다. 그러니 좋은 사람이라는 말을 듣지 않아도 됩니다. 모든 게 호르몬 분비의 결과일 뿐이니까요.

세로토닌은 걸을 때처럼 몸을 리드미컬하게 움직이거나 "정말 예쁘다", "참 맛있어" 하고 소리 내어 감동을 표현할 때 분비됩니다. 즉, 몸과 마음을 움직이는 것이 중요하다는 뜻이지요. 트립토판은 세로토닌을 합성할 때 중요한 역할을 하는 성분이기 때문에, 트립토판이 함유된 고기, 생선, 우유 등과 같은 음식을 먹고 만족감을 얻는 것도 중요합니다.

옥시토신은 연인이나 파트너, 자녀 등 다른 사람과의 관계 또는 반려동물과의 교감 속에서 만들어집니다. 다시 말해 접촉이 중요하지요. 웃는 얼굴로 고맙다고 인사하거나 다른 사람을 칭찬할 때도 분비됩니다.

이 두 가지 호르몬이 왕성하게 나오도록 하려면 다음과 같은 습관을 가지는 게 좋습니다.

・아침 햇볕을 쬔다.

・자연을 가까이한다.

・복식 호흡을 하며 긴장을 푼다.

세로토닌과 옥시토신은 마음을 차분하게 만드는 기능이 있어 분노나 불안 같은 감정을 잊게 해줍니다. 두 호르몬이 많아질수록 스트레스에도 강해지고요. 또한 세로토닌이 분비되어 행복한 기분을 느끼면 주변 사람들과의 관계도 좋아지고, 다른 사람들과 사이가 좋아지면 옥시토신이 분비되어 결국 상대방도 자신도 더욱 행복해집니다. 그러므로 좋은 사람이 되려고 집착하기보다는 밖에 나가 햇볕을 쬐고 복식 호흡을 하며 호르몬 분비에 힘써봅시다.

좋은 사람이 되려고 애쓰지 않아도 된다.
두 가지 호르몬을 늘리는 습관으로
다른 사람에게도 나 자신에게도 다정해질 수 있다.

2장

낡은 건강 상식을 잊는다

중년과 달라야 하는
노년의 건강 관리 원칙

살을 빼야 한다는
고정관념을 버린다

60세는 건강한 몸을 만드는 여정의 중대한 관문입니다. 중년기에는 대사 증후군을 예방하는 것이 건강 관리의 중요 과제였지요. 대사 증후군이 찾아오면 동맥경화, 뇌졸중, 심근경색, 당뇨병, 치매 등 온갖 무서운 질병들이 도미노처럼 우르르 몰려옵니다. 따라서 중년층은 대사 증후군에 걸리지 않도록 몸에 지방이 너무 많이 쌓이지 않게 관리하는 것이 중요합니다.

그런데 60세가 넘어가면 노화로 근육량이 하루하루 줄어듭니다. 입이 짧아지는 경우도 있는데, 그런 사람은 전체적으로 영양이 부족해지기도 하고요. 살이 빠져서 좋다고 태평하게 생각하다가는 70~80대에 근감소증, 즉 사코페니아Sarcopenia에 걸리거나 전신의 기능이 저하되어 거동이 불편해지는 노쇠Frailty 상태에 빠지기도 합니다. 이대로 가면 꼼짝없이 다른 사람의 돌봄이 필요한 상태로 이어지겠지요.

90대가 되어서도 직접 걸어서 가고 싶은 곳에 가고 맛있는 음식을 맛보려면, 60세가 되었을 때 생각을 바꾸어야 합니다. 대사 증후군에 대비해 '살을 빼서' 건강해져야겠다는 생각은 일단 잊어버리고 '근육을 늘려' 노쇠를 예방하겠다는 자세로 방향을 전환해야 하지요. 살을 빼서 지방을 줄여야 한다는 생각에만 지나치게 매달리면 소중한 근육까지 줄어들어서 노쇠에 박차를 가하게 되니까요.

근육이 지나치게 감소한 상태인지 집에서 간단히 알아볼 수 있는 방법이 있습니다. 바로 '핑거링finger-ring 테스트'입니다. 양손의 엄지손가락과 집게손가락으로 동그라

미를 만들어서 종아리의 가장 두꺼운 부분을 감싸봅시다. 손가락이 닿지 않을 만큼 종아리가 굵으면 근육이 충분한 상태라고 짐작할 수 있습니다.

반대로 손가락이 서로 만나거나 겹쳐지면 근육이 부족할 가능성이 있으니 노쇠 상태가 되지 않도록 각별히 주의할 필요가 있습니다. 젊을 때는 많은 사람들이 가느다랗고 늘씬한 다리를 원하지만, 60세가 넘으면 완전히 다른 목표를 가져야 합니다. 근육이 탄탄한 다리가 무엇보다 중요하지요. 튼실한 무다리여도 좋습니다. 거기다 지방도 조금씩 줄일 수 있다면 더할 나위 없습니다.

2022년 11월, 노쇠와 관련해서 방송 프로그램에 출연한 적이 있습니다. 이때 출연진과 함께 핑거링 테스트를 했는데, 젊은 여성 아나운서가 이렇게 물었습니다.

"저는 손가락이 겹치네요. 설마 노쇠의 전 단계일까요?"

이처럼 최근에는 고령자뿐만 아니라 젊은 사람들에게도 노쇠의 전 단계에 해당하는 증상이 나타나 우려를 낳고 있습니다. 그래서 젊어서부터 최대한 근육을 만들고 단백질을 충분히 섭취하되 지방은 많이 늘지 않도록 '저근 貯筋' 운동, 즉 근육을 비축해두는 운동을 해야 한다고 조언했습니다.

1년에 한 번 또는 반년에 한 번씩 손가락으로 고리를 만들어 변화를 체크해봅시다. 종아리가 가늘어졌다면 근육량이 줄어들었을 가능성이 있습니다. 한 발로 서서 양말을 신지 못하게 되었다거나 의자에서 일어설 때마다 "영차!", "웃차!" 하고 기합을 넣어야 하는 등 몇몇 자각 증상이 있다면 근육이 감소했을 가능성이 크지요.

다만 종아리가 튼실하다고 해서 완전히 안심해도 된다는 뜻은 아닙니다. 언뜻 다리가 튼튼하고 건강해 보이더라도 근육이 적고 지방이 많은 '마른 비만'일 수도 있으니까요. 더 안 좋은 경우는 근육이 눈에 띄게 감소한 사코페니아 상태인데 지방이 이를 감추고 있는 '근감소성 비만'입니다. 마른 비만이나 근감소성 비만 상태가 되면 근육에도 지방이 축적되어 근육의 질 자체도 떨어지지요. 최근에는 체지방률이나 BMI(신체질량지수), 근육량 등을 측정할 수 있는 체중계가 많이 나와 있으니 이런 수치도 참고해봅시다.

근육은 나이가 몇이든 누구나 마음만 먹으면 단련할 수 있습니다. 단백질을 충분히 섭취하고 걷기나 근력 운동에 힘쓰면 근육은 확실히 늘어납니다.

근육이 붙으면 그만큼 더 활발하게 움직이게 되고, 대사 효율도 좋아져서 반년에서 1년쯤 지나면 지방도 서서히 빠지기 시작합니다. 몸무게는 같아도 지방이 줄어들면 몸이 탄탄해집니다. 노쇠 예방을 위한 근력 운동이 돌고 돌아 대사 증후군에 대한 대비책까지 된다면 일석이조겠지요.

돌봄 따위 필요 없는 90세가 되고 싶다면
살을 빼기보다는 근육을 늘리자.

다양한 식품으로
맛있게 단백질을 섭취한다

건강한 몸을 만들기 위해 제가 각별히 신경 쓰는 부분이 있습니다. 바로 '좋은 음식 먹고 운동하기'입니다. 맛좋고 건강에도 좋은 음식, 다시 말해 단백질이 풍부한 음식을 먹어 근육을 키우고 걷기나 근력 운동을 하며 몸을 움직여야 비로소 건강한 몸을 만들 수 있으니까요.

하지만 실제로는 많은 사람이 단백질을 필요한 만큼 충분히 섭취하지 못하고 있습니다. 하루에 필요한 단백질은 체중 1kg당 1g 이상입니다. 저는 체중이 72kg이니 지금의 근육량을 유지하려면 단백질이 하루에 최소 72g

은 필요한 셈이지요. 여기서 근육을 더 늘리고 싶다면 10g 더 많은 82g을 목표로 삼아야 합니다.

단백질이 많이 함유된 대표적인 먹거리는 생선과 육류이지요. 먹을 수 있는 사람은 충분히 섭취하는 것이 좋습니다. 더불어 생선이나 육류뿐만 아니라 다른 식품으로도 단백질을 조금씩 쌓는 것이 중요합니다.

생선이나 육류 이외에 단백질이 풍부한 먹거리로는 달걀이나 낫토, 두부, 고야두부高野豆腐(두부를 얼렸다가 건조시킨 음식-옮긴이) 같은 콩 식품 그리고 치즈, 요구르트, 우유 같은 유제품이 있습니다. 특히 최근에는 단백질 열풍이 불어 단백질 함량을 높인 다양한 식품을 맛볼 수 있지요.

저는 단백질과 칼슘 함량은 늘리고 지방은 줄인 그릭 요구르트 제품을 즐겨 먹습니다. 운동을 마치고 30분 이내에 단백질을 섭취하면 운동하며 상처 입은 근육들을 재생하는 데 도움이 되지요. 그래서 근력 운동을 한 후에는 반드시 고단백 우유나 요구르트를 챙겨 마십니다.

생선과 콩의 단백질을 원료로 만든 '부지런히 단백질こまめにたんぱく'이라는 조미료도 추천할 만합니다. 일본 전역의 슈퍼나 마트에서 판매하고 있는데, 된장국이나 채소볶음 등 이런저런 반찬에 넣으면 감칠맛도 나고 단백질도 많이 섭취할 수 있습니다.

더불어 대체육인 콩고기도 있습니다. 일본의 가정식 체인점인 '야요이켄'에서는 고기 대신 콩고기를 사용한 메뉴를 고를 수 있습니다. 제가 종종 찾는 다테시나 지역의 '멜라 나타라지'라는 카레 가게에서도 콩고기를 넣은 카레를 판매하고요.

일본인에게 특히 친숙한 고야두부도 오래전부터 요긴하게 사용해온 대체육이라 할 수 있습니다. 즉석 고야두부는 뜨거운 물만 부으면 금세 부풀어 올라 1분 만에 맛있게 먹을 수 있지요. 고야두부에 함유된 '저항성 단백질Resistant Protein'에는 혈당을 낮추고 콜레스테롤을 감소시키는 효과가 있는 것으로 알려졌습니다.

저희 집에서는 고야두부를 가루 상태로 만든 두부 분

말을 애용합니다. 오코노미야키(묽은 반죽에 고기와 야채 등 좋아하는 재료를 넣고 부친 음식-옮긴이)를 만들 때 밀가루 대신 두부 분말을 사용해 반죽하고 냉동 굴과 양배추를 듬뿍 넣어 부치지요. 이런 작은 아이디어를 하나둘 생각하고 실천하다 보면 단백질 목표량도 생각보다 쉽게 채울 수 있습니다.

단백질은 달걀, 유제품, 콩 제품에도 듬뿍 들어 있다.
맛있는 음식으로 건강을 챙겨
'90세의 벽'을 훌쩍 뛰어넘자.

간식도 반드시,
즐겁게 챙겨 먹는다

케이크나 양갱처럼 달달하고 맛있는 간식을 먹고 나면 가슴 한구석에 왠지 모르게 나쁜 짓을 한 듯한 죄책감이 듭니다. 하지만 어떤 것을 어떻게 먹느냐에 따라 간식도 우리 몸에 약이 될 수 있지요.

특히 나이가 들면서 한 번에 먹을 수 있는 양이 부쩍 줄어든 사람에게는 간식을 적극적으로 추천합니다. 오전 열 시나 오후 세 시쯤 슬슬 배가 출출해지면 식사 시간에 미처 챙기지 못한 부분을 보충한다는 마음으로 주전부리를 챙겨봅시다.

죄책감 없이 즐길 수 있는 주전부리라 하면 역시 견과류가 으뜸입니다. 단백질과 몸에 좋은 지질, 비타민, 미네랄, 철분, 식이섬유를 함유하고 있으니까요.

비타민과 식이섬유가 풍부한 말린 과일, 단백질을 손쉽게 섭취할 수 있는 요구르트와 치즈 같은 음식도 좋습니다. 저는 특히 평소 땅콩과 볶은 콩 따위를 즐겨 먹습니다. 과일도 좋아하지만, 과당이 많으니 너무 많이 먹지 않도록 주의해야 하지요.

나이가 들수록 소화 능력이 떨어지니 한꺼번에 많이 먹기보다는 조금씩 자주 먹는 습관을 들이는 게 좋습니다. 특히 식이섬유가 듬뿍 든 간식을 먹으면 다음 식사를 할 때 혈당치가 완만하게 올라갈 수 있습니다.

한편 아연이 부족한 사람은 미각 장애가 일어나서 뭘 먹어도 맛있다고 느끼지 못하기도 합니다. 그래서 식사량이 줄어들고 그만큼 근육도 줄어들고 허약해지기 십상이지요. 이런 경우에도 요구르트, 두유, 콩, 건포도 등과 같은 건강한 간식을 통해 근육 손실을 예방할 수 있습니다.

신선한 제철 과일과 채소, 적당한 단백질이 함유된 요깃거리 등을 잘 챙겨 먹으며 건강을 잘 관리해봅시다.

적절한 간식으로 부족한 영양을 보충하자.
몸도 건강해지고 마음도 풍족해진다.

뇌보다 장이 기뻐하는
생활을 한다

'뱃속이 검다', '뱃속을 들여다보다' 같은 말이 있는 걸 보면, 사람들은 오래 전부터 인간의 마음이 뇌가 아니라 뱃속에 있고, 그에 따라 좌우되어 왔음을 본능적으로 알고 있었던 것 같습니다.

현대 과학에서도 뇌와 장은 서로 많은 영향을 주고받는다는 사실이 밝혀졌습니다. 뇌에는 150억 개의 신경 세포가 있다고 하는데, 장에도 신경 세포가 1억 개나 존재합니다. 장에 있는 신경 세포는 개별적인 네트워크를 형성하고 있는데, 자율 신경을 통해 뇌에 영향을 미칩니다.

강한 스트레스와 불안, 극도의 긴장을 느낄 때 배 속 상태가 나빠지고 설사를 하거나 변비에 시달리기도 하는 이유가 바로 여기 있습니다. 반대로 배변이 원활하지 못하고 장의 상태가 좋지 않을 때는 왠지 모르게 마음에 구름이 낀 듯 기분도 울적해지지요. 이러한 장과 뇌의 상관관계를 '장뇌축gut–brain axis'이라고 부릅니다.

흔히 '장은 제2의 뇌'라고들 말하는데, 최근에는 거꾸로 '뇌가 제2의 장'일지도 모른다는 새로운 견해도 등장하고 있지요. 생물의 진화 과정 연구에서는 맨 처음 영양분을 흡수하기 위해 장을 갖춘 생물이 태어났고, 장의 신경 세포 네트워크가 진화를 거듭해 뇌가 만들어졌다는 해석이 나옵니다. 어느 쪽이 먼저든 장과 뇌가 몹시 밀접하게 연결되어 있다는 점은 틀림없어 보이지요.

어쩌면 우리는 지금껏 뇌가 갈망하는 기쁨과 만족만 지나치게 추구해왔는지도 모릅니다. 배는 충분히 만족했건만, 맛있어 보이는 케이크가 눈에 들어오면 "디저트 먹을 배는 따로 있지!"라면서 먹어버리지요. 뇌 속 도파민이라는 신경 전달 물질의 폭주에 따라 술을 습관적으로 잔뜩 마시다가 결국 건강을 해치는 경우도 많습니다.

앞으로는 뇌가 시키는 대로 행동하는 삶은 그만두고 장이 기뻐하는 일을 해보면 어떨까요? 그러면 몸도 마음도 한결 건강해질 겁니다.

장의 역할은 음식을 소화하고 영양분을 흡수하고 불필요한 부분을 배설하는 데서 그치지 않습니다. 전체 면역 기능의 70퍼센트가 모여 있어 체내에 침투한 병원균 등으로부터 몸을 지키는 역할도 하지요. 또한 행복 호르몬인 세로토닌은 뇌에서도 만들어지지만, 대부분 장에서 생성됩니다. 장내 환경이 좋아지면 더 큰 행복을 느낄 수 있다는 뜻이지요.

그러니 장이 기뻐하는 라이프 스타일을 실천합시다. 스트레스를 쌓아두지 않고 '기쁘고' '맛있고' '아름다운' 것을 즐기면서 그 감동을 충분히 표현하면 장도 기뻐합니다.

한편 사시사철 언제든 찬 기운은 장을 괴롭게 하는 가

장 큰 적입니다. 여름에도 냉방이 되는 실내에 하루 종일 머무르면 전신이 서늘해지니 복대 등을 두르거나 주기적으로 환기를 하여 배가 차가워지지 않도록 주의해야 합니다.

장이 건강하면 마음도 건강해진다.
스트레스와 찬 기운으로부터
장을 보호하고 행복을 만끽하자.

장내 세균이라는
타인의 도움을 받는다

　인간의 장에는 약 1,000가지 장내 세균이 100조~1,000조 마리나 살고 있습니다. 이 방대한 수의 장 속 주민들이 에너지원을 만들고 감염을 막고 건강을 유지하는 데 아주 중요한 역할을 하고 있지요. 최근에는 장내 세균과 비만, 꽃가루 알레르기, 수면, 인지 기능, 성격 등과의 관계에 대한 다양한 연구가 진행되고 있습니다.

　내 몸은 머리부터 발끝까지 전부 나만의 것이라고 생각하기 쉽지만, 사실은 장내 세균이라는 '타인'의 존재가 보이지 않는 곳에서 우리를 돕고 있습니다. 건강을 지키려면 장내 세균의 힘을 빌려야 합니다. 자기 힘으로 모두 해결하려 애쓰지 않고 다른 존재의 도움을 받는 게 인간에겐 필수적이라는 것이지요.

발효 식품은 장내 유익균을 활성화하는 데 도움을 주는 강력한 아군입니다. 요구르트, 치즈, 낫토, 간장, 미림, 장아찌 등 익숙한 발효 식품들을 적절히 섭취해봅시다.

그중에서도 된장(여기서는 흔히 '미소'라 부르는 일본식 된장을 가리키는데, 재료와 발효 시간 등이 한국과 다르지만 두 가지 모두 훌륭한 발효 식품이다-옮긴이)에는 한 숟가락에 1만~100만 개나 되는 발효균이 들어 있지요. 발효 과정에서 감칠맛과 각양각색의 풍미가 더해져 맛이 훨씬 좋아지고 아미노산과 각종 비타민도 섭취할 수 있습니다.

건강수명이 길기로 유명한 일본의 대표적인 장수 지역 나가노에서는 채소를 듬뿍 넣은 된장국을 즐겨 먹습니다. 된장과 채소에 든 식이섬유는 건강한 장내 환경을 조성하는 데 아주 효과적입니다.

옥스퍼드대학교의 한 논문은 여러 지역에서 만들어진 다종다양한 발효 식품을 먹으면 유익균들이 서로 경쟁을 벌여 더 좋은 장내 환경이 조성된다는 연구 결과를 내놓기도 했습니다. 저 역시 평소 다양한 종류의 콩으로 만든 낫토를 구입해서 각기 다른 맛을 즐깁니다. 각 지역마다 독특한 장아찌나 식해 같은 여러 발효 식품이 존재합니다. 그런 음식들을 맛보며 이곳저곳을 돌아보는 여행도 무척 재미있지 않을까요?

장내 세균은 내 곁에 있는 친절한 '타인'이다.
발효 식품을 적절히 섭취하며 애정으로 돌보자.

모든 노인들이 고백하는 큰 비밀 중 하나는
70세, 80세가 되도록 우리는 변하지 않는다는 점이다.
당신의 몸은 변한다.
하지만 당신은 변하지 않는다.

-도리스 레싱

빨리
먹지 않는다

　나이가 들면 식사를 하다가 자주 사레들리고 음식물
이나 음료가 기도로 잘못 넘어가는 오연 誤嚥 현상도 잦아
집니다. 음식을 잘못 삼키는 일이 많아지면 음식물이나
음료와 함께 세균이 폐에 들어가 폐렴을 일으키기도 합
니다. 이른바 오연성 폐렴이지요. 실제로 일본에서 잘 알
려진 인물 중에도 오연성 폐렴으로 세상을 떠난 사람이
적지 않습니다.

　음식이 잘못 넘어가는 일을 막고 오연성 폐렴을 예방

하려면 입 주변 근육들의 기능이 떨어지지 않도록 각별히 주의를 기울여야 합니다. 우선 함께 '이마 체조'를 해보면 어떨까요? 로댕의 조각상 '생각하는 사람'처럼 한쪽 손바닥을 이마에 대고 손바닥은 이마 쪽으로, 이마는 손바닥 쪽으로 밀어줍니다. 목구멍 주변과 목 근육이 자극되어서 연하 작용, 즉 음식물을 삼키는 동작을 도와줍니다. 평소 '파타카라 운동'(141쪽 참고)을 꾸준히 하는 것도 좋습니다.

식사를 하거나 차를 마실 때는 바로 먹거나 마시지 말고 한 호흡 쉬면서 삼킬 준비를 해야 합니다. 레몬이나 매실 장아찌처럼 새콤한 음식을 떠올려보세요. 입안에 침이 적당히 고였을 때 천천히 턱을 당기며 꿀꺽 삼키면 좋은 준비 운동이 됩니다.

"잘 먹겠습니다!" 하고 큰 소리로 인사하는 것도 좋은 방법이지요. 무엇보다 텔레비전에 정신이 팔리거나 왁자지껄 수다를 떨며 먹으면 사레들리기 쉬우니 식사할 때는 먹는 데만 집중해야 합니다.

코로나 바이러스 때문에 전 세계가 혼란스럽던 시기에 오연성 폐렴이 크게 증가했습니다. 일본에서 1년간 무려 4만 명이 넘는 사람이 오연성 폐렴으로 사망했다고 하지요. 마스크를 쓰고 생활하면서 수분을 섭취할 기회가 줄어들고 입안에 세균이 번식하기 쉬워진 것도 원인 중 하나인 듯합니다. 양치질을 꼼꼼히 해서 구강 환경을 깨끗하고 건강하게 관리하는 것도 오연성 폐렴을 막기 위해 중요하다는 걸 알 수 있습니다. 입안이 텁텁하고 끈적하게 느껴질 때마다 입을 헹구어주는 것도 필요합니다.

맛있고 안전하게 음식을 먹으려면 준비 운동이 필요하다.
타액을 충분히 분비해서 잘못 삼키거나
사레들리는 일을 막도록 하자.

의욕이 없어도
운동할 수 있는 장치를 준비한다

"건강한 몸을 만들기 위해 운동하는 습관을 들입시다!"

누구나 이렇게 말하지만, 참으로 쉽지 않은 문제입니다. 본래 운동을 좋아하는 사람은 몸을 움직일 때 찾아오는 즐거움과 기쁨을 잘 알고 있으니 누가 말하지 않아도 운동을 계속할 수 있습니다.

오히려 운동을 싫어하는 사람이야말로 운동하는 습관이 필요한데, 몸을 움직이기 싫어하니 꾸준히 지속하기가 만만치 않습니다. 대부분 처음 3일 정도는 열심히 하지만 '비가 와서', '일이 바빠서' 같은 별것 아닌 이유로 운동을 빼먹기 시작하지요. 그러다 결국 "나는 의지가 너무 약해"라며 실망하고 속상해합니다. 하지만 문제는 바로 우리가 의지의 힘에 의존한다는 데 있습니다.

강연을 하기 위해 일본의 대표적인 드럭스토어 브랜드 중 하나인 스기약국의 아이치현 본사를 찾아간 적이 있습니다. 그곳 사무실 주변에는 직원들이 화장실에 갈 때 긴 복도를 운동하듯 걸을 수 있도록 워킹용 복도가 설치되어 있었습니다. 화장실에 가거나 잠시 휴식을 취하는 시간을 충분히 몸을 움직일 기회로 삼는다는 아이디어지요.

화장실은 누구나 몇 번쯤 찾기 마련이니 대단한 의지가 필요하지 않습니다. 일부러 따로 시간을 내서 걸을 필요도 없고요. '일하는 사람들을 생각하는 건강 경영이란 이런 것이구나' 하고 감탄했습니다.

운동을 습관화한다는 것은 다시 말해 일상생활 속에 운동을 녹여낸다는 뜻입니다. 매일매일 꼭 하는 일, 예를 들어 양치질을 할 때는 까치발을 딛고 섰다가 발뒤꿈치를 바닥에 쿵 하고 디디는 '발뒤꿈치 디디기' 운동이나 스쿼트를 하면 어떨까요? 장을 보러 마트에 갈 때는 매장 입구와 가장 먼 자리에 차를 주차하고 걸어봅시다. 가까운 자리는 고령자에게 양보하겠다며 멀리 주차한다면 아주 멋들어지게 나이를 잊는 일이 아닐까요?

마트나 쇼핑몰 안을 구석구석 구경하며 돌아다니는 것도 좋은 방법입니다. 눈이 많이 오는 지역이나 무더위가 기승을 부리는 계절에도 언제든 쾌적하게 걸을 수 있으니까요. 계단을 오르면 운동 강도도 훨씬 높아집니다. 쇼핑을 시작하기 전에 매장을 두 바퀴 정도 돌고 나서 물건을 고르는 것도 좋은 방법입니다. 쓸데없는 물건에 헛돈을 낭비하는 일도 줄어들 겁니다.

의지의 힘 없이도 저절로 운동하게 만드는 것이
가장 이상적이다.
생활 속에 자연스러운 운동 장치를 많이 만들어두자.

'대충', '적당히' 하는 게
바람직하다

제가 젊은 의사였던 시절의 이야기입니다. 회진 시간
에 말기 암 진단을 받은 40대 여성 환자를 진찰한 뒤 여
느 때처럼 "힘냅시다"라고 덧붙이고 병실을 나서려 했습
니다. 그런데 그 순간 이상한 느낌이 들었습니다. 뒤를 돌
아보니 환자가 눈물을 뚝뚝 흘리고 있었습니다.

"선생님, 저는 지금까지 계속 힘내서, 열심히 살아왔어
요. 이제 더 이상 애쓰지 못할 것 같아요."

가슴이 덜컥 내려앉았습니다. 별다른 의미 없이 했던
말이 누군가에게는 상처가 될 수 있음을 깨달았던 것이

지요. 새삼 어떤 사람에게는 무언가를 이루려고 애쓸 수 없는 때가 있다는 사실을 알게 되었습니다.

그날 이후로 저는 늘 '애쓰지 않는 마음'을 머리 한켠에 담아 두고 계속 기억하려고 노력합니다. 저도 모르게 무심코 애쓰려고 할 때도 그런 태도를 꾹 눌러 참으려고 하기도 하고요.

나이가 들면서 어느 순간부터 '대충'이나 '적당히' 같은 말을 자주 사용하게 됐습니다. '애쓰지 않기'에서 마침내 '대충', '적당히'로까지 진화한 셈이지요. 스스로도 어처구니가 없어 웃음이 날 정도입니다. 하지만 건강에 도움이 되는 식사나 근력 운동을 매일 빼먹지 않고 지속하려면, 대충대충 하고 요령을 부리는 정도가 딱 좋습니다. 너무 기합을 넣고 모든 일을 성심성의껏 하려는 태도를 조금은 내려놓자는 말입니다. 그러지 않으면 아예 시작조차 버거워지니까요.

가끔은 걷기나 근력 운동을 빼먹어도 괜찮습니다. 작심삼일이면 또 어떤가요. 나흘째에 "다시 시작해볼까나"

하고 자리에서 일어나면 되지요. '대충', '적당히' 해도 괜
찮습니다.

누구나 더는 노력할 수 없는 때가 있기 마련이다.
꾸준히 계속하려면 '대충', '적당히' 하는 것이 딱 좋다.

혈압의 '정상 수치'에 집착하지 않는다

보통 수축기 혈압이 140mmHg 이상이거나 이완기 혈압이 90mmHg 이상일 때 고혈압이라고 진단을 내립니다. 정상 혈압은 120/80mmHg이고요.

저는 대부분의 고혈압 환자에게 130/80mmHg를 목표로 생활 지도를 합니다. 생활 습관 개선이 무엇보다 중요하니까요. 꼭 필요한 경우에는 혈압 약을 처방하지만, 처음부터 바로 약을 주지는 않습니다.

환자가 70세 이상일 때는 치료 목표를 150/90mmHg로

올려서 설정합니다. 고령이 되면 가벼운 동맥경화가 나타나는 사람이 많아지기 때문이지요. 그런 상태에서 많은 양의 약을 써서 혈압을 억지로 낮추면 혈액을 뇌나 심장으로 흘려보내는 힘이 약해지고 맙니다. 오히려 좋지 않은 결과가 나타나지요.

고혈압을 치료할 때는 이처럼 나이와 혈관의 상태를 꼼꼼히 파악해서 치료 방법과 약의 분량을 세세하게 조절할 필요가 있습니다. 역시 정상 수치에 지나치게 얽매이지 않고 고혈압의 원인으로 이어지는 생활 전반을 바로잡는 것이 기본이고요.

수치가 높은가 낮은가 말고도 조금 더 깊이 혈압을 들여다보면 동맥경화 여부도 알 수 있습니다. 먼저 다음과 같이 계산해볼까요?

맥박압 = 최고 혈압 - 최저 혈압

맥박압은 대동맥이나 심장의 관상동맥이라는 두꺼운

혈관에 동맥경화가 일어났는지를 확인하는 기준이 됩니다. 혈압이 127/78mmHg일 때 맥박압은 49mmHg가 되지요. 30~50은 정상 범위라고 봅니다. 하지만 맥박압이 65 이상이면 굵은 혈관에 동맥경화가 발생했을 가능성이 있으므로 엑스레이나 초음파나 심전도 검사 등을 실시합니다.

여러분도 평소 혈압을 측정하고 맥박압을 계산해서 그 결과를 가지고 차근차근 혈압 관리를 해보면 어떨까요. 뇌경색이나 심근경색을 일으키는 굵은 동맥의 노화를 막으려면 운동과 채소 섭취, 염분 제한이 핵심입니다.

혈압은 상당히 높아진 뒤에도 자각 증상이 거의 나타나지 않습니다. 그래서 '조용한 살인자silent killer'라는 무시무시한 별명으로도 불리지요. 침묵한 채 서서히 혈관을 해치고 뇌졸중으로 이어지는 동맥경화를 불러일으킵니다. 고혈압 환자는 혈압이 정상인 사람보다 치매에 걸릴 가능성이 1.6배 높다는 연구 논문도 있습니다.

따라서 혈압 관리는 매우 중요합니다. 다만 수치에 집

착하여 무조건 약을 쓰는 건 좋지 않다는 것입니다. 나이가 들수록 다른 부분의 건강 상태도 함께 신경 써야 하기 때문입니다. 또한 혈압이 높아지는 원인은 환자 개개인별로 모두 다릅니다. 술을 많이 마시는 사람은 술을 끊고, 운동을 안 하는 사람은 운동부터 해야지요. 정상 수치에 얽매이지 말고 자신의 상태를 정확히 파악하여 생활 습관 개선부터 먼저 해야 몸 전체적으로 건강을 지킬 수 있습니다.

우리는 '정상 수치'를 만들기 위해서
살아가고 있는 게 아니다.
수치는 유연하게 받아들이고
생활 습관을 조금씩 바로잡아 보자.

콜레스테롤은 잊고
달걀을 먹는다

　총 콜레스테롤의 적정 수치는 200mg/dL 미만입니다. 콜레스테롤 수치가 올라가면 동맥경화나 뇌졸중의 위험성도 그만큼 높아지지요. 그래서 병원에 갔다가 의사에게 약을 처방받은 사람도 적지 않을 겁니다.

　하지만 저는 70세가 넘어가면 총 콜레스테롤 수치는 그리 신경 쓰지 않아도 된다고 생각합니다. 오히려 수치가 약간 높은 사람일수록 혈관 장애가 덜 일어나고 수치가 낮은 경우 사망률이 높아진다는 데이터도 있지요.

　평소 내과 진료를 할 때 환자가 70세 이상이고 총 콜레스테롤 수치가 280이 넘는 경우에는 환자와 상의해서 콜레스테롤을 낮추는 약을 처방합니다. 250~260 정도일 때는 생활 습관을 하나둘 바로잡으면서 콜레스테롤 수치가 내려가는지를 체크합니다.

콜레스테롤을 낮추는 데는 적당한 운동이 가장 효과적입니다. 환자들에게 주로 권하는 근력 운동으로는 걷기와 스쿼트가 있지요. 더불어 콜레스테롤과 중성지방을 몸 바깥으로 배출하도록 채소나 버섯, 해조류처럼 식이섬유가 풍부한 음식을 많이 섭취하도록 권합니다.

특히 고야두부나 메밀 등에 함유된 저항성 단백질은 혈중 콜레스테롤을 낮춰주는 것으로 알려져 있지요. 그리고 과거에는 콜레스테롤 때문에 달걀을 하루에 한 알만 먹어야 한다고 이야기했지만, 그런 제한은 이제 사라졌습니다. 혈액 속에 지질이 지나치게 많이 함유된 이상지질혈증만 아니라면 달걀은 몇 개를 먹든 상관없답니다.

70세가 넘어가면 콜레스테롤 수치는
조금 높아도 상관없다.
몸을 움직이고 식이섬유를 듬뿍 섭취하며
수치의 변화를 지켜보자.

운동보다
바른 자세가 먼저다

하루하루 어떤 생활 습관을 가지고 살아가느냐에 따라 자기도 모르는 사이 등이 굽어 새우등이 되거나 무릎이 휘고 허리가 구부러지기도 합니다. 건강해지려고 열심히 걷기 운동을 하는 사람도 정작 자세가 좋지 않으면 무릎과 허리에 부담이 가거나 관절의 가동 범위가 오히려 좁아질 수도 있지요. 그러므로 본인의 평소 자세를 가끔씩 체크해줘야 합니다.

올바른 자세는 옆에서 보았을 때 요추(허리뼈)와 경추

(목뼈)가 완만한 S자를 그립니다. 전신이 보이는 거울 앞에 서서 몸의 정면과 측면에서 본인의 자세를 가만히 살펴봅시다. 벽에 등을 대고 똑바로 서보는 것도 좋은 방법이고요. 벽에 발뒤꿈치를 붙이고 섰을 때 등과 머리 뒷부분이 벽에 닿지 않는다면, 자세가 앞으로 기울어졌다는 증거입니다.

자세가 비뚤어지는 원인 중 하나는 근력의 저하입니다. 늘 같은 쪽 어깨에 가방을 메거나 날마다 같은 방향으로 다리를 꼬고 앉는 등 어느 한쪽으로 치우친 습관 때문에 자세가 틀어지기도 하지요.

시간이 날 때마다 자신의 자세를 의식적으로 바로잡아서 잘못된 버릇을 말끔히 없애봅시다. 자세가 좋아지면 겉모습도 한결 젊고 생기 있어 보이기 때문입니다. 나이 들어서도 근사한 맵시를 유지하는 사람들의 공통점은 적당한 체중을 유지한 몸매와 꼿꼿한 자세입니다.

자세를 곧게 하면 마음가짐도 적극적이고 긍정적인 방향으로 바뀔 수 있습니다. 가슴을 당당하게 펴고 배에 힘을 주고 긴장감을 놓지 않으면 자신감과 의욕이 생기니까요. 잠깐 운동하고 하루 종일 구부정하게 지내기보다 매순간 바른 자세를 유지하며 활기차게 보내기를 추천합니다.

바른 자세가 의욕을 낳는다.
자세가 좋으면 외모도 젊어 보이고
활동적인 사람이 될 수 있다.
기분이 울적할 때일수록 가슴을 활짝 펴자.

나이가 들었다고 말하지 마라.
나이는 숫자에 불과하다.
중요한 것은 마음가짐이다.

- 새뮤얼 울먼

무리하게
씻지 않는다

매일 저녁 뜨끈한 목욕물에 몸을 담그면 자율 신경이 균형을 찾고 숙면에도 도움이 됩니다. 물론 청결을 유지한다는 의미에서도 목욕은 중요한 습관입니다.

다만 몸을 씻는 방법에는 약간의 주의를 기울일 필요가 있습니다. 일단 박박 문질러 닦는 건 피해야 합니다. 어떤 사람은 나일론 소재의 때 타월로 피부가 발갛게 될 정도로 빡빡 문질러 닦지 않으면 성에 차지 않는다고 말합니다. 하지만 그렇게 씻으면 피부의 각질층이 모조리 깎여 나가고 맙니다. 안 그래도 고령이 되면 피부가 얇아

저서 약한 자극에도 피부가 가려워지는 노인성 가려움증(소양증)이 많이 나타나는데 나일론 타월로 박박 문지르면 오히려 가려움이 점점 더 심해집니다.

매일 목욕을 하는 사람은 몸에 따뜻한 물을 뿌리고 손바닥으로 피부를 부드럽게 문질러 씻기만 해도 충분합니다. 비누나 보디워시를 사용하고 싶다면 보들보들한 거품을 듬뿍 낸 다음 거품으로 씻어주면 되고요. 목욕을 한 다음에는 잊지 말고 보디로션이나 보습제를 발라줍시다.

피부에 영양을 공급하는 모세혈관의 노화는 운동으로 방지할 수 있다는 사실도 기억해둡시다. 안팎으로 피부 건강을 지켜준다면 더욱 효과적이겠지요.

피부 장벽이 무너지지 않도록 주의하자.
손바닥으로 부드럽게 문질러 닦기만 해도
충분히 청결을 유지할 수 있다.

억지로 자려고
하지 않는다

아무리 누워 있어도 잠이 오지 않고, 작은 소음에도 눈이 번쩍 떠지고, 피로가 쌓여서 대낮에 꾸벅꾸벅 졸고···. 잠 때문에 이렇게 고민하고 있나요?

일본에서는 2,000만 명에 이르는 사람이 수면 장애를 앓고 있다고 하는데, 나이가 들수록 그 비중이 늘어납니다(2023년 한국 국민건강보험공단 자료에 따르면 2022년 수면 장애로 진료를 받은 사람은 약 109만 명으로, 실제로는 더 많은 사람이 문제를 겪고 있으리라 추측된다-옮긴이). 나이가 많은 사람일수록 유독 수면 문제로 고민하기 쉬운 이유는 수면을 촉진하는 멜라토닌이라는 호르몬이 전보다 덜 분비되기 때문입니다. 게다가 활동이 줄어들고 운동 부족이 되는 경우가 많아 적당한 피로감을 느끼지 못해서 쉽게 잠들지 못하기도 합니다. 수면 무호흡 증후군이나 하지 불안 증후군, 치매 등 여러 질병뿐만 아니라 가까운 이의 죽음 같은 심리적 스트레스가 불면의 원인이 되기도 하고요.

수면 부족이 오래도록 해결되지 않으면 '수면 부채負債' 가 쌓이고 쌓여서 심장병이나 우울증, 암 등의 질병에 걸릴 위험성이 높아집니다. 늘 피곤하니 스트레스가 쌓이고 비만이 되거나 대사 증후군에 걸리기도 쉽지요. 그뿐만 아니라 집중력과 주의력도 떨어지므로 일하다 실수를 하거나 안전사고가 일어나지 않도록 조심해야 합니다.

일본역학회(질병의 발생 원인과 대책, 예방법 등을 연구하는 일본 학회-옮긴이)의 보고를 보면, 일본에서는 성인의 7.4퍼센트가 수면제를 복용하고 있습니다. 젊은 사람보다 고령자가, 남성보다 여성이 더 많고요. 70세 이상인 여성은 네 명 중 한 명꼴로, 80세 이상인 여성은 세 명 중 한 명꼴로 수면제를 복용한다는 사실도 밝혀졌습니다. 이렇게나 많은 사람이 수면제에 의지하고 있다니 놀랍기 그지없습니다.

수면제는 먹는 양이 늘어나거나 복용 기간이 길어질수록 약에 의존하게 될 우려가 있습니다. 수면제를 먹지 않으면 잠들 수 없게 되는 것이지요. 너무 잠이 오지 않을 때 어쩌다 한 번씩 복용하는 정도라면 괜찮지만, 날마다 먹는 사람은 약을 조금씩 줄이는 편이 좋습니다.

사실 저도 몇 년 전에 매일 수면제를 복용한 적이 있습니다. 하지만 양을 서서히 줄여서 지금은 약 없이도 꿀잠을 잘 수 있게 되었지요. 그런 과정을 겪으면서 깨달은 사실은 '억지로 자려고 하지 않는 것'이 중요하다는 점이었습니다. 잠 때문에 고민하는 사람은 '자야지, 자야지' 하며 본의 아니게 침대에서 긴 시간을 보내기 쉽지요. 그러나 침대에 들어가서 베개에 머리를 대자마자 쿨쿨 자는 것이 가장 바람직합니다.

질 좋은 수면을 손에 넣으려면 침실 밖으로 눈길을 돌려야 합니다. 특히 다음의 여섯 가지를 실천하는 데 집중합시다.

① 아침에는 햇볕을 쬔다 - 아침에 빛을 쬐면 뇌 속에 있는 생체 시계, 즉 중추 시계가 리셋되고 밤이 되었을 때 수면을 촉진하는 멜라토닌을 분비합니다. 좋은 수면은 아침 해가 선사하는 셈이지요.

② 아침 식사를 든든히 챙긴다 - 아침밥을 먹으면 여러 장기에 존재하는 생체 시계, 즉 말초 시계가 움직이고 대사가 일어나기 시작합니다. 아침 식사로 얻은 에너지는 낮 동안 활동하는 연료가 되므로 낮 시간을 더욱 알차게 만들어줍니다.

③ 해가 떠 있는 동안 열심히 운동한다 - 질 좋은 수면에는 적당한 피로가 필요합니다. 특히 멜라토닌 분비가 줄어든 고령자는 낮 동안 부지런히 움직이고 활동

하는 것이 곧 수면제나 다름없지요. 스쿼트처럼 자신의 몸무게를 이용하는 체중 부하 운동이나 걷기 운동을 하면 좋습니다. 저는 숨을 들이마시며 배를 한껏 부풀렸다 천천히 내쉬는 복식 호흡을 한 시간에 한 번씩 해주면서 부교감 신경을 자극했습니다. 그렇게 해서 결국 수면제가 필요 없는 몸이 되었지요. 스트레칭도 교감 신경과 부교감 신경의 균형을 조절해주므로 수면의 질을 높여줍니다. 다만 밤에 운동을 하면 멜라토닌 분비에 방해가 되니 운동은 저녁까지 마치고 밤에는 되도록 느긋하게 쉽시다.

④ 낮잠은 20분 이내로 제한한다 - 낮잠을 너무 오래 자면 밤이 되어도 좀처럼 졸음이 찾아오지 않습니다. 낮에 눈을 붙이고 싶어질 때는 시간을 20분 정도로 제한하는 것이 좋습니다. 특히 열차나 비행기를 타고 이동하다 보면 졸음이 쏟아지기 십상이지요. 저는 그럴 때 커피를 한 잔 마시고 나서 스마트폰 알람을 진동으로 맞추고 딱 20분만 눈을 붙인 뒤 일어납니

다. 카페인의 각성 작용이 너무 깊이 잠들지 않도록 도와줍니다.

⑤ 주말 취침 시간은 두 시간 이상 늦어지지 않게 한다 - 주말이면 한 주간 쌓인 긴장을 풀고 술을 한잔하거나 밤 늦게까지 영화를 보는 사람이 많습니다. 하지만 잠자리에 드는 시간이 평소보다 두 시간 이상 틀어지면 생체 시계의 리듬이 깨져서 원래대로 돌아가는 데 시간이 걸리지요. 기본적으로는 휴일에도 평일과 같은 시간에 일어나고 시간이 어긋나더라도 두 시간 이내가 되도록 조절합시다.

⑥ 밤에는 조명 밝기를 낮추고 휴식을 취한다 - 해가 지고 깜깜해졌을 때 무의식적으로 천장 조명을 켜는 습관이 있다면 행동을 바꿔볼 필요가 있습니다. 호텔처럼 간접 조명을 적절히 사용해서 편안한 분위기를 만들어보세요. 커다란 텔레비전이나 스마트폰이 내뿜는 강한 불빛은 수면을 부르는 멜라토닌의 분

비를 방해합니다. 밤 아홉 시가 지나면 텔레비전과 스마트폰을 모두 끄고 잔잔한 음악을 듣는 시간을 가지면 어떨까요? 부교감 신경이 활성화되어서 자연스럽게 잠들 준비를 할 수 있습니다.

수면의 질은 어떤 하루를 보내느냐에 따라 결정된다.
생체 시계와 자율 신경을 다스리면 좋은 잠이 찾아온다.

명의보다는 나에게
좋은 의사를 찾는다

　몸이 아플 때 사람들은 '명의名醫', 즉 이름난 의사에게 진찰을 받고 싶어 합니다. 하지만 고령자의 주치의를 선택할 때는 어떤 특정 분야에서 전문성을 발휘하는 명의보다는 뭐든 마음 편히 털어놓고 상담할 수 있는 '양의良醫', 즉 '좋은 의사'가 훨씬 큰 힘이 됩니다. 좋은 의사는 노년기의 마지막 순간까지 환자의 곁에서 발맞추어 걷는 존재니까요.

　좋은 의사를 만나기 위해서는 다음 열 가지 조건을 눈여겨보길 바랍니다.

① 내가 하는 이야기에 귀 기울여준다.

② 어렵지 않은 말로 이해하기 쉽게 설명해준다.

③ 약이나 검사보다 생활 습관 개선을 중시한다.

④ 필요할 때는 전문의를 소개해준다.

⑤ 환자 가족의 사정까지 생각해준다.

⑥ 환자가 사는 지역의 의료와 복지에 대해 자세히 안다.

⑦ 의료의 한계를 안다.

⑧ 환자의 아픔과 괴로움 그리고 슬픔을 이해하고 공감해준다.

⑨ 환자가 다른 의사의 의견을 궁금해할 때는 기꺼이 받아들여준다.

⑩ 충격을 주지 않고 환자에게 진실을 알릴 줄 안다.

이 열 가지 조건은 제가 의사로서 늘 마음에 새겨온 부분이기도 합니다. 지금 되짚어 보니 하나같이 당연한 소리처럼 보이지만, 당시 진료실에서는 결코 당연하지 않은 부분이었지요. 어쩌면 지금도 그럴지도 모릅니다.

어느 날 에이 로쿠스케(《대왕생》이라는 베스트셀러로 유명한 일본의 방송 작가 겸 방송인-옮긴이) 씨가 라디오 방송에서 제가 언급한 이 열 가지 조건을 전하며 '좋은 환자의 열 가지 조건'을 제시했는데요. 그중 열 번째 조건은 그야말로 대단했습니다.

"아직 살아 있는데 의사가 '임종하셨습니다'라고 하면 죽은 척해준다."

이 말을 듣고 저도 모르게 껄껄 웃음이 터져 나왔습니다. 유머뿐만 아니라 '의사도 인간이니 때로는 실수를 한다'는 지적도 담겨 있었습니다.

하지만 에이 씨는 이 말에 사람들이 생각하는 것보다 더 깊은 유머를 담았는지도 모릅니다. "임종하셨습니다"라는 의사의 말에 당황하면서도 잠시 죽은 척한 다음, 실눈을 뜨며 "나 아직 안 죽었는데"라고 말하면 어떻게 될까요. 사람들은 화들짝 놀라고 순식간에 침울한 임종의 현장이 웃음이 터지는 화기애애한 분위기로 바뀔지도 모릅니다. 환자 본인도, 의사도, 간호사도, 가족도 모두 웃으며 쓸데없는 힘을 빼고 죽음을 맞이할 수 있다면 그것이야말로 진정한 대왕생大往生, 평온한 죽음이 아닐까요.

죽음은 어떠한 과정을 통해 찾아오는지, 아픔이나 괴로움은 없는지, 고통을 없앨 방법은 있는지, 마지막까지 치료를 해야 하는지, 이러한 죽음의 세세한 과정을 설명해주고 언제든 곁에 있으니 걱정하지 말라고 말해주는 의사가 좋은 의사입니다. 그리고 그런 역할을 하게 해주는 환자가 바로 좋은 환자입니다.

약이나 검사보다 생활 습관을 돌봐주는
의사가 좋은 의사다.
두려워하지 않고 죽음을 이야기할 수 있는
관계를 만들자.

불필요한 검사와 치료를
과감히 포기한다

아무리 건강을 위해서라지만 아프고 힘들고 민망한 검사는 가능하면 받고 싶지 않지요. 개중에는 아주 적은 양이기는 하지만 방사선에 피폭해 몸에 해를 끼치는 검사도 있습니다. 그러니 자신에게 어떤 검사가 필요하고 어떤 검사는 굳이 받지 않아도 되는지 적절히 판단해야 합니다.

미국내과의사재단ABIM Foundation에서는 불필요한 검사와 치료를 줄이는 '현명한 선택Choosing Wisely'이라는 캠페인을 펼치고 있습니다. 이를테면 대장 내시경 검사는 5년에서 10년에 한 번으로도 충분하다고 말하지요. 필요 이상으로 검사를 자주 하면 검사에 따른 합병증의 위험성은 물론 비용도 높아져서 검사로 얻을 수 있는 이득보다 손해가 더 커진다는 이야기입니다.

현명한 선택 캠페인에서는 건강하고 별다른 증상이 없는 사람에게는 PET 검사로 암 검진을 하거나 MRI를 이용해 뇌 검사를 하는 것도 권장하지 않습니다. 일본의 분위기는 아직 이 정도는 아니지만, 저 역시 개인적으로는 이런 검사를 받지 않습니다.

물론 환자가 원하면 검사를 진행합니다. 가족에게 거미막하 출혈(지주막하 출혈) 병력이 있는 환자가 본인에게도 일어날지 모른다고 심히 걱정한 적이 있어서 뇌동맥류가 있는지 확인하기 위해 보험 진료로 CT 촬영이나 MRI 검사를 진행한 적도 있습니다.

조금만 열이 나도 항생제를 처방하는 의사도 많이 있습니다. 하지만 바이러스성 감염에는 듣지 않는 데다 오히려 다중약물요법에 의해 내성균이 만들어져서 항생 물질의 효과가 사라질 위험성이 있지요. 자신에게 꼭 필요하지 않은 약이나 치료는 적용하지 않는 것이 그만큼 중요합니다.

특히 임종이 머지않은 시기에는 불필요한 의료가 골치 아픈 고민거리가 되기도 합니다. 예를 들어 환자가 입으로 음식을 먹을 수 없게 되었을 때는 영양을 공급할 수 있도록 위에 관을 삽입해서 길을 만들기도 하지요. 연명의료에 해당하는데, 환자가 그런 처치를 받아 좀 더 살고 싶은지 그렇지 않은지에 대해 자신의 뜻을 가족과 주치의에게 미리 전하고 문서로 남기는 것이 좋습니다. 임종이 가까워지면 환자의 의식이 명료하지 않아 직접적으로 의사를 전달하기 어려운 경우가 대부분이고, 가족들은 치료를 쉽게 포기하는 게 아닌가 하는 생각에 연명의료를 선택하곤 하기 때문입니다.

스스로 호흡할 수 없게 되었을 때 인공호흡기를 사용할 것인가, 심장이 멈추었을 때 심폐 소생술을 받을 것인가, 마지막 순간은 어느 곳에서 보내고 싶은가에 대해 하나하나 잘 생각해보고 매년 생일처럼 특별한 날 가족들에게 미리 이야기해두면 어떨까요? 자신의 인생을 후회 없이 아름답게 매듭짓기 위해 무엇이 필요하고 무엇이 불필요한지, 몸도 마음도 건강할 때 차근차근 생각해둡시다.

관 삽입, 인공호흡기, 심폐 소생…
결정은 모두 나의 몫.
건강할 때 충분히 생각해서
가족과 주치의에게 알려주자.

3장

부정적인 감정 따위는 잊는다

행복한 40년을 만들어줄
감정 정리법

울적할 땐
몸을 움직인다

'그때 이렇게 하면 좋았을걸. 그렇게 하지 말았어야 했는데….'

자기도 모르는 사이에 과거에 일어난 사건으로 되돌아가 다람쥐 쳇바퀴 돌 듯 같은 생각만 반복하게 되는 때가 있습니다. 거칠게 녹슨 기억을 제대로 잊지 못해서 그렇지요.

이럴 때 우리의 몸은 시든 꽃처럼 고개가 앞으로 수그러들고 시선도 바닥을 향합니다. 몸이 마음을 따라가듯이 말이지요. 그러니 울적한 마음을 달래고 싶다면, 마음만으로 어찌어찌 해결하려 들지 말고 오히려 몸에서 출발해서 마음으로 접근해야 효과를 볼 수 있습니다.

저는 매일 아침 전신 스트레칭을 합니다. 만세를 외치듯이 양팔을 위로 들어 올리며 온몸을 쭉쭉 늘이고 가슴을 활짝 펴줍니다. 이렇게 스트레칭을 할 때는 들이마신 숨으로 가슴을 크게 부풀리며 흉식 호흡(가슴 호흡)을 하는 것이 좋습니다. 흉식 호흡을 하면 자율 신경 가운데 교감 신경이 자극되어 기분이 산뜻해지고 의욕이 생길 뿐만 아니라 무언가에 도전하고 싶은 용기도 솟아오르지요.

은퇴 후 하루 종일 할 일이 없다며 무료함에 시달리는 사람도 시간을 정해놓고 힘차게 만세 하며 꾸준히 스트레칭을 하다 보면 어느새 하고 싶은 일이 생길지도 모릅니다.

아침 햇살을 맞으며 스트레칭을 하면 더 좋습니다. 사람의 생체 시계는 하루 24.5시간 주기로 돌아가므로 지구의 자전 주기와 30분 정도 차이가 나지요. 하지만 아침에 일어나 햇볕을 쬐면 생체 시계가 리셋되어 어긋나는 부분을 바로잡을 수 있습니다.

하루를 시작하는 시간, 새로운 기분으로 새로운 공기를 가슴 가득 들이마셔봅시다. 가슴속에 쌓여 있던 과거의 답답하고 울적한 기분은 어느새 말끔히 사라질 겁니다.

아침 햇살을 맞으며 만세! 가슴을 활짝 펴자.
시선을 위로 향하게 하는 것만으로도
많은 것이 달라진다.

불편한 감정에
나만의 이름을 붙인다

　제가 아주 좋아하는 책 중에 《이름 없는 고양이》라는
그림책이 있습니다.

　길거리를 떠돌며 살아가는 길고양이 주인공은 이름이
너무너무 갖고 싶습니다. 신발 가게 고양이에게도, 서점
고양이에게도, 우동 가게 고양이에게도 이름이 있지요.
길고양이는 자신의 이름을 찾으려고 온 마을을 돌아다니
지만 딱 맞는 이름을 찾지 못합니다. '더러운 길고양이'라
며 내쫓겨 쓸쓸해하고 있을 때, 한 소녀가 고양이에게 말
을 겁니다. 그때 고양이는 깨닫습니다. 자신이 원한 건 이

름이 아니라 이름을 불러줄 사람이었다는 것을요.

아주 멋진 이야기이지요. 이름이 없는 상태란 실제로 존재하는지 존재하지 않는지 알 수 없는, 어중간하고 불안정한 상태나 다름없습니다. 이와 마찬가지로 우리가 날마다 느끼는 감정들 중에는 아주 복잡하고 미묘해서 뭐라고 이름 붙여야 할지 헤아릴 수 없는 기분도 있습니다. 스스로도 도무지 영문을 알 수 없지만 속이 부글부글 끓고 속상하지요. 그런 불편한 감정들을 아무런 자각도 없이 가슴속에 차곡차곡 쌓고 있지 않으신가요?

다른 사람에게 싫은 소리를 하고, SNS에 과격한 말을 올리고, 가까운 사람에게 가시 돋친 말을 쏟아내고. 말로 내뱉지는 않지만 언짢은 분위기를 한껏 뿜어내 주변 사람들을 얼어붙게 만들고…. 그런 행동의 밑바탕에는 이름 없는 감정이 잔뜩 쌓여 있을지도 모릅니다. 때로는 자신이 어떤 감정을 끌어안고 있는지 점검해볼 필요가 있습니다.

"아, 업무가 많이 밀려서 마음이 초조하구나."

저는 이런 생각이 들 때면 '업무 전전긍긍 증후군'이라는 별난 이름을 붙이고 스스로를 놀려줍니다. 피식 웃음이 날 만큼 재미있는 이름을 지어주면 지나치게 심각해지지 않을 수 있지요. 어쩌면 그 감정들은 내가 이름 불러줄 때까지 나를 기다렸는지도 모릅니다. 이름을 부른다는 건 '인식'한다는 뜻이니까요.

지금 자신이 처한 상황을 면밀히 파악하면 대처법도 드러나기 마련이고 짜증과 불안도 훨씬 작아집니다. 기쁘고 즐겁고 긍정적인 감정뿐만 아니라 슬프고 답답하고 시샘하는 부정적인 감정도 "그럴 수도 있지" 하고 받아들일 수 있게 될 겁니다.

불쾌한 기분은 그대로 방치하지 않는다.
재미있는 이름을 붙이고 피식 웃으면 기분이 좋아진다.

나이 듦은 겸손과 연민을 가르쳐준다.
젊은 시절에는 이해하지 못했던 것들을.

- 메이 사튼

화가 날 때는
'외치고, 벗어나고, 신경을 돌린다'

저는 얼마 전 은퇴한 프로 테니스 선수 로저 페더러의 팬입니다. 페더러는 본래 성격이 아주 불같은 선수여서 경기가 제대로 풀리지 않는 날은 분노를 폭발시키며 라켓을 바닥에 내리쳐 부수거나 시합을 스스로 망치기도 했습니다. 그런 페더러가 세계 4대 메이저 대회에서 스무 번이나 우승할 수 있었던 이유 중 하나는 화를 다스리는 방법을 터득했기 때문입니다. 페더러는 경기 중 긴장되거나 화가 날 때 깊게 심호흡을 하는 자신만의 루틴을 만들었습니다.

사람은 나이가 들수록 작은 일에도 욱하기 쉽습니다. 분노를 조절하는 전전두피질의 기능이 저하되기 때문이지요. 사소한 일에도 피가 거꾸로 솟고 쉽게 흥분해서 화를 터뜨리는 사람은 분노를 잊는 기술, 즉 분노 조절anger management 기술을 익힐 필요가 있습니다.

분노를 유발하는 호르몬은 6초 만에 농도가 최고조에 달한다고 합니다. 그러니 이 6초를 잘 버텨내는 기술을 배워봅시다. 나도 모르게 울컥 화가 치밀 때는 "파타카라, 파타카라, 파타카라…" 하고 소리 내서 말해봅시다. 되도록 빠르게 말할수록 효과가 크지요. 그 자리에 다른 사람도 함께 있다면 깜짝 놀랄 수도 있지만, 한편으로 긴장이 풀려서 웃음이 터질지도 모릅니다. 사람들이 집이나 직장에서 "파타카라, 파타카라, 파타카라…" 하는 모습이 보인다면 얼마나 재미날까요.

본래 '파타카라 운동'의 목적은 입과 주변 근육의 쇠약을 막기 위해 혀와 입 주변 그리고 목 근육을 단련하는 데 있습니다. 꾸준히 하면 음식을 삼키는 연하 기능과 발음이 개선되지요. 더불어 '파타카라'는 아무런 뜻도 없는 말이어서 분노를 참고 흘려보내기에도 안성맞춤입니다. 불교에서 말하는 진언眞言과 비슷하지요.

화를 잊고 싶을 때는 아예 그 자리에서 벗어나는 것도 좋은 방법입니다. 배우자의 말에 울컥 화가 난다면 "그 얘기는 나중에 다시 하자. 잠깐 산책 좀 하고 올게"라고 말하고 잠시 자리를 벗어나면 됩니다. 우물쭈물하며 자리에 머무르다가는 싫은 소리를 더 싫은 소리로 맞받아치며 아무 의미 없는 말다툼을 시작하게 되니까요. "그때는 이러이러했고 저때는 저러저러했잖아!"라며 분노를 터뜨리면 감정이 고구마 덩이뿌리처럼 줄줄이 따라 올라오며 대참사가 벌어집니다.

분노가 아닌 다른 곳으로 마음을 돌리기 위해 가벼운 운동을 하는 것도 좋습니다. 앞에서 소개한 대로 빨리 걷기와 천천히 걷기를 반복하는 인터벌 걷기 같은 운동을 15분 정도 지속하면 화도 가라앉지요. 운동을 마치고 난 뒤에는 화가 났다는 사실조차 잊어버릴지도 모릅니다.

그런데도 여전히 불끈불끈 화가 치민다면 스쿼트를 열 번 정도 추가해보세요. 운동을 하면 몸도 적당히 피로해져서 잠도 훨씬 잘 옵니다. 하룻밤 푹 자고 일어나면 강렬했던 분노도 흔적 없이 사라집니다.

50년 가까운 세월 동안 내과 의사로 일하며 병에 걸린 환자의 슬픔과 괴로움 그리고 헤아릴 수 없는 분노를 함께 겪어왔습니다. 그 오랜 경험 속에서 깨달았습니다. 고통스러운 마음을 다스리려면 마음가짐을 바꾸려 애쓸 것이 아니라 호르몬을 조절하고 몸을 움직이는 것이 정답이라는 사실을요.

분노가 꼭 나쁜 것이라고는 할 수 없습니다. 화가 났을 때 분비되는 아드레날린은 스스로를 성장시키고 무언가를 이루어내기 위한 원동력이 되지요. 로저 페더러 역시 분노를 조절하는 방법을 터득함으로써 시합에서 승리를 거두었을 뿐만 아니라 인간으로서도 한층 성장했습니다. 그 결과 팬들의 사랑을 얻고 동료 선수들에게는 존경을 받았으며 많은 이들의 애정 어린 시선 속에서 은퇴했지요. 우리도 화를 조절하며 마음을 다스리고 냉정한 판단력을 유지해서 분노의 힘을 적절히 활용해보면 어떨까요?

분노를 다스려 '욱하는 노인'을 졸업하자.
화를 잘 길들여 자신의 힘으로 만들자.

모든 걸 희망으로 바꾸는
조커 패를 선택한다

식도암을 앓는 72세 환자 유키오 씨는 내시경 점막 절제술과 방사선 치료를 받았지만, 끝내 한계에 다다랐습니다. 저는 그에게 살날이 얼마 남지 않았다는 이야기를 해야 했지요. 하지만 그는 이렇게 대답하며 싱글싱글 웃었습니다.

"어떻게든 되겠지요."

유키오 씨는 틀림없이 상태가 좋아질 거라고 말하면서도 죽음을 준비하기 시작했습니다. 기댈 가족이 없으니 직접 장의사를 불러 돈이 가장 덜 드는 방법을 고르고

선금을 치렀습니다. 연금을 받아 근근이 생활하는 형편이었으나, 그는 돈이 남을 것 같다면서 병원에 기부를 하고 싶다고 말했습니다.

소중한 2만 엔(한화 약 18만 원). 병원 식구들은 받을 수 없다고 극구 거절했습니다. 하지만 유키오 씨의 의지는 굳건했습니다. 받아주지 않으면 곤란하다고 몇 번이나 말했지요.

그 무렵 완화의료 병동에 입원해 있던 한 환자가 죽기 전에 멜론을 맛보고 싶다는 말을 했습니다. 그래서 사치스럽긴 하지만 멜론을 사서 멜론 파티를 열자는 이야기가 나왔습니다. 유키오 씨가 기부한 2만 엔이 한몫한 셈이었지요.

멜론을 먹고 싶다고 무심코 중얼거렸던 환자는 소원을 이루어 어느 때보다도 멋진 미소를 보여주었습니다. 그 모습을 본 유키오 씨도 행복한 미소를 지었습니다.

다른 사람이 보기에 유키오 씨의 인생은 행복하다고 표현하기는 어려운 삶이었습니다. 하지만 본인은 어떤 상황에서든 "어떻게든 되겠지" 하며 희망을 버리지 않았습니다. 세상을 희망적으로 바라보는 힘이 있다는 건 모든 것을 행복으로 바꿀 수 있는 조커 패를 손에 넣은 것과 같습니다. 부정적인 패를 모두 긍정적인 패로 바꾼 끝에 그는 인생을 아름답게 매듭지었습니다.

비관적인 생각은 건강에 몹시 해롭습니다. 핀란드의 남녀 2,267명을 대상으로 11년에 걸쳐 조사한 결과에 따르면, 상황을 부정적으로 보는 경향이 있는 사람이 그렇지 않은 사람보다 협심증이나 심근경색 같은 관상동맥 질환에 의한 사망률이 2.2배나 높게 나타났습니다.

펜실베이니아대학교에서는 얼마나 많은 스트레스와 불안, 분노를 느끼느냐보다도 그것을 어떻게 받아들이느냐가 심장병과 밀접한 관계가 있다고 발표했습니다. 마음가짐이 그만큼 중요하다는 뜻입니다.

이 두 가지 연구가 이야기하는 바는 긍정적이고 낙관적으로 생각할수록 심장병에 걸릴 위험이 줄어든다는 뜻입니다. 스스로 어떻게 마음먹고 상황을 바라보느냐에 따라 심장병의 위험성을 낮출 수 있다는 이야기지요.

　한 살, 두 살 나이를 먹다 보면 늘 마음에 드는 결과만 얻을 수는 없다는 사실을 자연스레 깨닫게 됩니다. 오히려 인생이란 마음대로 되지 않는 일투성이지요. 그래도 되도록 긍정적이고 밝은 시각으로 앞을 바라보고, 부정적이고 어두운 상상은 떨쳐버립시다. 어떻게든 될 거라는 믿음으로 쓸데없는 힘을 빼고 희망적인 생각을 떠올릴 수 있는 강한 마음을 길러보면 어떨까요.

인생은 생각대로 굴러가지 않는다.
그럼에도 부러 밝은 면을
바라보는 것이야말로 인간의 힘이다.

원하는 미래로
향하는 말만 입에 담는다

"어쩔 수 없어, 어차피 난 못 해, 이미 틀렸어."

혹시 이런 부정적인 말을 버릇처럼 입에 달고 다니지는 않으신가요? 어떤 말은 자신과 타인을 상처 입히고 깎아내립니다. 하지만 사람의 마음을 위로하고 용기를 불어넣는 것 또한 말입니다.

닛폰TV 방송국의 뉴스 프로그램 〈뉴스 에브리〉에는 조금 특별한 점이 있습니다. 바로 메인 아나운서 후지이 다카히코 씨의 코멘트입니다. 그는 '마음을 울리는 말', '위로가 되는 말'로 시청자들에게 꾸준히 사랑받고 있습니다.

저 또한 해설자로 이 방송에 7년간 출연하며 후지이 씨 바로 옆에서 그가 오늘은 또 어떤 말을 할지 두근거리는 마음으로 기다려왔지요. 후지이 씨는 꼼꼼히 헤아리고 헤아려 말을 고르고 정성스레 코멘트를 준비합니다.

"○○이어도 상관없어"라는 말은 "○○이라서 좋아"로, "○○밖에 없어"라는 말은 "○○도 있어"로 바꿔보면 어떨까요. "이제 죽는 수밖에 없어"라는 생각이 들고 궁지에 몰리더라도 "내게는 죽을 자유도, 살 자유도 있어!"라고 당당히 말해봅시다. 아직 다른 선택지가 있다는 사실을 깨달으면 마음을 단단히 먹고 각오를 다질 수 있으니까요.

후지이 씨는 이렇게 말했습니다.

"내가 하는 말이 미래를 만든다는 사실을 마음에 새겨두어야 합니다."

부정적인 말은 오직 부정적인 미래밖에 만들어내지 못합니다. 그런 말은 완전히 잊어버려도 좋지 않을까요? 때로는 비판하고 반성할 수도 있지만, 내가 그리는 밝은

미래로 이어지는 말을 찾아가는 것이 무엇보다 중요합
니다.

내가 입에 담는 말이 미래를 만든다.
밝은 미래로 이어지는 말을 찾자.

타인을 용서하고
나도 용서한다

〈그의 생애 동안De son vivant〉(국내 개봉 제목: 피스풀)이라는 프랑스 영화를 보고 푹 빠진 적이 있습니다. 췌장암 선고를 받은 아들과 엄마의 이야기로 브누아 마지멜이 아들을, 카트린 드뇌브가 엄마를 연기했지요. 그런데 영화에서 이 이름난 배우들보다도 더 큰 존재감을 뿜어낸 이가 있었습니다. 바로 현역 의사이기도 한 가브리엘 사라이지요.

가브리엘 사라는 뉴욕에 있는 마운트 시나이 웨스트 병원에서 화학요법 병동의 병동장을 맡고 있는 의사입니다. 영화 속에서는 '닥터 에데'로 등장하는데, '실제로도 극중에서처럼 많은 환자를 마주하고 마음을 나누고 있겠구나' 하는 생각이 들었습니다. 그만큼 그가 보여준 연기 하나하나가 유독 기억에 남았습니다.

이를테면 영화에는 가족의 임종을 지키지 못한 사람이 나옵니다. 에데 선생님은 누구나 마지막 순간은 환자 스스로 결정하는 것이니 곁에 있어주지 못했다고 죄책감을 가질 필요는 없다고 말합니다. 한편 환자에게 조금만 더 버티라고 말하는 가족에게는 환자가 떠날 수 있도록 허락해주자고 말합니다. 정말 많은 용기가 필요한 말이지요. 그리고 에데 선생님은 '용서해줘', '용서할게', '고마워', '안녕', '사랑해'라는 다섯 가지 말을 특히 중요하게 여긴다고 했습니다.

이 영화를 본 뒤로 저도 인생의 끝을 맞이할 때 "날 용서해줘. 나도 용서할게"라고 말하며 살면서 저지른 과오들을 말끔히 청산할 수 있으면 좋겠다는 바람이 생겼습니다. 그리고 곁에 있는 사람들과 지금까지 살아온 자신의 인생에 감사하며 생을 마감할 수 있다면, 그야말로 행복한 죽음이 아닐까요.

그런데 곰곰이 생각해보면 "날 용서해줘. 나도 용서할게"라고 말할 기회는 죽기 직전이 아니더라도 얼마든지 있습니다. 그보다 훨씬 이른 시기부터 말이지요.

그래서 저는 어떤 규칙을 만들었습니다. 타인을 한 번 용서하면 나도 한 번 용서받는다는 규칙이지요. 어떤 사람 때문에 기분이 상하거나 피해를 입게 되면 그 사람의 잘못을 너그러이 용서해줍니다. 그러고 나면 마음에 들지 않는 자신의 결점이나 실수도 용서할 수 있지요. 그런 마음을 가지면 상대방을 용서하는 일이 점점 더 쉬워집니다. 오히려 자꾸 너그러이 받아들여주고 싶어지기 마련이지요.

어릴 적에는 친구와 다투었다가도 "미안해" 하고 사과하고 금세 손을 마주 잡을 수 있었습니다. 어른이 되어서도 이처럼 솔직하고 홀가분하게 살아가면 어떨까요? 타인과도, 나 자신과도 말입니다.

그리고 저는 몇 년 전에 유서를 작성하며 마지막에 이렇게 썼습니다.

"땡큐, 굿바이."

영화 속 에데 선생님이 중요하게 생각했던 다섯 가지 말 중 두 가지이지요. 이 말을 끝으로 이 세상을 평온하게 떠날 수 있으면 좋겠습니다.

다른 사람을 한 번 용서하면
자기 자신도 한 번 용서해주자.
오늘이 인생의 마지막 날인 것처럼
"미안해"라고 말하며 악수하고 홀가분해지자.

세월은 가장 훌륭한 조련사다.
우리를 성숙하게 만들고, 지혜롭게 만든다.

- 찰스 디킨스

스스로에 대해
웃어넘긴다

"남에게 웃음 살 만한 일은 하지 말거라."

키워주신 아버지는 자주 이런 말을 하셨습니다. 하지만 청개구리인 저는 지금까지 사람들이 웃고 놀려도 상관없다고 생각하며 살아왔습니다. 오히려 더 당당하게 '웃음거리가 될수록 좋다'고 생각합니다. 한바탕 껄껄 웃고 나면 남은 것은 친해지는 일뿐이니까요.

심각한 원전 사고가 발생했던 체르노빌에서 방사능 오염 상황과 아이들의 건강 상태에 대해 조사한 결과를 현지 주민에게 발표할 기회가 있었습니다. 발표회가 열리는 홀은 아이들의 미래를 걱정하는 사람들로 가득했습니다. 준비된 500석이 모두 차고 서서 보는 사람들도 있을 정도였고, 무겁고 심각한 분위기가 흘렀지요.

단상 위에 오른 저는 대뜸 배운 지 얼마 안 된 러시아어로 〈카추샤〉라는 러시아 민요를 부르기 시작했습니다. 사람들로 만원을 이룬 발표회장에서 웅성웅성하던 소음은 머지않아 사라지고 모두가 얼떨떨한 얼굴로 저를 바라보았습니다.

저는 자타가 공인하는 음치입니다. 사람들은 대체 지금 무슨 일이 일어나고 있는지 곧바로 이해하지 못하는 듯 보였습니다. 하지만 이윽고 〈카추샤〉를 부르는 모양이라고 하나둘 깨달은 뒤로는 여기저기서 웃음이 터져 나왔습니다. 웃음소리는 점점 커지고 누군가는 손뼉을 치고 누군가는 발장단을 맞추기 시작했지요. 회장의 분위기가 단번에 바뀌고 이후에 좀 더 진솔하게 연구결과를 나눌 수 있었습니다.

이런 경험 덕분에 저는 웃음을 저의 무기로 만들 수 있었습니다. 그리고 정말로 중요한 일은 국적을 뛰어넘어 모두가 함께할 수 있다는 신뢰가 생겼습니다.

예전에 인류의 발상지인 아프리카를 종단했을 때도 이곳저곳에서 웃음의 힘을 빌렸습니다. 짐바브웨의 공항에서 입국 심사를 받을 때, 젊은 담당관 두 명이 제 여권을 보고는 별안간 배를 잡고 웃기 시작했습니다. 가이드에게 물으니 제 이름 '가마타'는 짐바브웨에서 가장 많이 쓰는 쇼나어라는 언어로 엉덩이를 뜻한다고 하더군요.

이왕 이렇게 되었으니 '에라 모르겠다' 하는 심정으로 "아이 엠 엉덩이!" 하고 농담을 날렸습니다. 한참 신나게 웃던 담당관들은 즐거워하며 제게 악수를 청했고 입국 심사도 기분 탓인지 수월하게 마무리되었습니다.

짐바브웨의 이웃 나라인 보츠나와에 갔을 때도 비슷한 일이 있었습니다. 운전과 사파리 안내를 맡은 가이드에게 "마이 네임 이즈 가마타"라고 자기소개를 하자, 그는 30초 정도 침묵하더니 더는 못 참겠다는 듯이 폭소를 터뜨렸습니다. 웃음은 가라앉을 기미가 보이지 않았고,

그는 결국 제 어깨까지 끌어안고 크게 웃어댔습니다. 저도 제 엉덩이를 두드리며 껄껄 웃었지요. 그와도 순식간에 허물없는 사이가 되었습니다.

한 번 직접 경험해보면 다른 사람이 나를 보고 웃는 게 그리 무서운 일이 아님을 깨닫게 됩니다. 조금만 용기를 내어 자기 자신을 웃어넘겨보세요. 남에게 우습게 보여서는 안 된다며 딱딱하게 굳어 있던 자신으로부터 자유로워지고 어떤 일이든 생각보다 술술 풀어낼 수 있게 됩니다.

부끄러움은 잠시일 뿐.
자신을 스스로 웃어넘기면
나머지는 대부분 술술 풀린다.

자기희생은
이제 그만둔다

이미 일거리를 잔뜩 끌어안고도 급한 업무라는 상사의 부탁을 거절하지 못하고 또 떠맡는 사람. "아직 젊고 팔팔하니 부탁 좀 할게"라는 말에 온갖 잡일을 억지로 떠맡는 사람. 사실은 거절하고 싶지만 시부모나 친척 어른들의 말에 어쩔 수 없이 따르는 사람….

생각보다 훨씬 많은 사람이 "NO!"라고 말하지 못하고 하고 싶은 말을 꾹 눌러 삼킵니다. 거절하지 못하는 이유는 분위기 때문일까요, 상대방의 체면을 생각해서일까요? 이런저런 이유로 결국 '나만 참으면 좋게 좋게 끝날 것'이라는 자기희생의 껍데기 속에 갇히고 맙니다. 하지만 정작 자신의 의견을 존중해주지 않는 것은 상사나 동료, 시부모가 아니라 자기 자신이라는 사실을 알고 계십니까?

좋은 대화는 누구도 희생하지 않습니다. 상대방의 의견과 자신의 의견을 모두 온전히 존중하는 커뮤니케이션을 하기 위한 트레이닝 기법을 '어서션assertion'이라고 부릅니다. 영어로 자기주장을 뜻하는 말이지요.

자기 자신보다 상대방의 생각을 우선시하느라 틀렸다고 생각하는 일도 아니라고 말하지 못하는 사람은 '소극적인non-assertive' 사람입니다. 반대로 늘 자기주장을 우선시하며 주변 사람들을 이리저리 휘두르는 사람은 '공격적aggressive'이어서 바람직하지 않고요. 상대방의 의사를 헤아리고 자신의 생각도 솔직하게 표현하면서 더 가까이 다가갈 줄 아는 '어서티브한assertive(다른 사람의 의견을 존중하며 자신의 주장도 표현하는)' 사람이 되어야 합니다.

상대방의 생각과 자신의 생각을 모두 소중히 하는 '어

서선'은 지금 서로가 어떤 상태인지 현재 상황을 파악하는 데서부터 시작됩니다. 상사가 갑자기 일을 부탁할 때 그 일이 얼마나 급한 업무인지, 자신이 지금 맡고 있는 일은 어떤 상황인지 터놓고 의논하면 상사가 "그럼 도와줄 사람을 한 명 붙여줄게"라고 말할 수도 있고 이쪽에서도 "지금 바로는 어렵지만 나흘 뒤까지는 가능합니다" 하고 새로운 타협안을 제안할 수 있을지 모릅니다.

누군가와 다른 의견을 말하거나 부탁을 거절한다고 해서 상대방을 부정한다는 뜻은 아니지요. 이 점을 꼭 가슴에 새겨둡시다. 거절당한 사람도 거절한 사람의 상황을 알면 "이번에는 어쩔 수 없지" 하고 충분히 이해해주니까요.

대화를 나눌 때는 상사와 부하 관계든, 부모와 자식 관계든, 선배와 후배 관계든, 기본적으로 모두 대등합니다. 반말을 해도 된다는 뜻이 아니라, 서로의 의견에 귀 기울이고 자신의 의견도 솔직하게 표현할 수 있는 대등한 관계라는 뜻이지요.

평소 자원 봉사 활동을 하며 많은 젊은이들과 함께 일을 하는 저도 늘 주의하려고 합니다. 자연히 무리 중 가장 연장자가 될 때가 많은데, 손윗사람이 있으면 의견을 말하기가 어려우니 '예스맨'들이 많아지기 십상이지요. 그래서 늘 "어떻게 생각하나요?" 하고 먼저 사람들의 생각을 묻고 충분히 대화를 나누도록 노력하고 있습니다. 제가 기꺼이 제 의견을 말하고 거절할 수 있듯이 모두가 그렇게 할 수 있기를 바랍니다.

'나만 참으면 된다'는 생각이 가장 나쁘다.
'듣는 힘'과 '전하는 힘'을 모두 갖춘
어서션의 기술을 익히자.

잠시 한숨 돌리고
잠시 싱긋 웃는다

"돌아가신 분들이 있으니 웃으면 안 될 것 같아요."

동일본 대지진으로 큰 피해를 입은 사람들 중 이런 속마음을 털어놓는 분들이 제법 있었습니다. 수많은 사람이 가족과 소중한 재산을 한순간에 잃어버렸지요. 혼란스러운 피난소에서는 슬프다고 마음껏 울부짖을 수도 없었습니다. 하물며 웃을 수 있을 리도 만무했지요. 그래서 마음의 문을 꽁꽁 닫아버린 사람이 수두룩했습니다.

어쩌면 우리는 '현실을 똑바로 마주하는 것이 중요하다'는 생각에 지나치게 갇혀 있는 것은 아닐까요? 물론

이는 살아가는 데 있어 아주 중요한 자세이지만, 현실이 너무나 무거울 때는 누구나 주춤거릴 수밖에 없습니다.

그래서 저는 재해 지역을 지원하러 갈 때면 잠시라도 현실을 잊을 수 있는 시간을 만드는 데 특히 신경을 씁니다. 재해를 입은 직후에는 소방청과 재난의료지원팀 등 전문가들의 구조 활동이 필요하지만, 그 후에는 그렇게 구해낸 생명을 건강하게 이어가기 위해 피해를 당한 사람들의 회복탄력성을 일깨우는 일이 무엇보다 중요합니다.

그럴 때 잠시 동안 현실을 잊고 한숨 돌릴 수 있는 '잠시 한숨'의 시간이나 큰 소리로 웃지는 못해도 싱긋 미소 지을 수 있는 '잠시 싱긋'의 시간, 맛있는 음식을 먹고 기분이 좋아지는 '잠시 냠냠'의 시간이 필요합니다.

일본의 화장품 브랜드 아르소아는 재해를 입은 동일본 지역에 스킨로션을 기부했습니다. 덕분에 재난 이후 피부를 가꿀 마음의 여유조차 없었던 사람들이 오랜만에 화장품을 바르며 스스로를 돌보고 위로할 시간을 가졌고, 자연히 마음을 다잡는 작은 계기가 되었지요.

저는 여러 재해지를 찾아다니며 여러 이야기를 들었습니다. "그날 이후 처음으로 울었어요", "오랜만에 웃었네요", "그까짓 것 충분히 이겨낼 수 있다는 마음이 생겼어요" 등등의 말을 듣다가 이런 말도 들었습니다.

"사람이 죽었는데, 웃어도 되는 걸까요?"

그럼요, 이럴 때일수록 오히려 웃는 힘이 필요합니다.

"수해로 집이 물에 잠겼는데, 한가하게 스테이크나 먹고 있을 때가 아닌 것 같아요."

그렇지 않습니다. 식욕이 없을 때일수록 맛 좋고 영양가가 풍부하며 마음을 달래주는 음식이 필요하지요.

재해지에 가보면 식사로 주먹밥이나 빵이 나옵니다. 처음 사흘간은 이런 음식도 귀중하지요. 하지만 나흘째부터는 고기와 채소가 필요합니다.

제가 지원 활동에 참여할 때는 지역의 젊은 셰프들을 데리고 가서 스테이크덮밥이나 스키야키덮밥을, 아이들에게는 햄버그스테이크 샌드위치를 제공했습니다. 때로는 장어덮밥도 마련했지요.

이럴 때야말로 조금 사치스럽게 느껴질 만큼 맛있는 음식이 사람들의 마음을 구해줍니다. 셰프들과 정성스레 준비한 장어덮밥과 스테이크덮밥을 전하니 모두가 밝은 미소를 보여주었습니다.

체육관에 마련한 피난소에서 잠만 자다 보면 근육은 점점 줄어들고, 주먹밥이나 빵을 주로 먹다 보면 비만이 되기 쉽습니다. 몸과 반대로 마음은 비쩍 말라가고요. 그러므로 단백질과 운동이 매우 중요합니다.

그래서 재해지에서 사람들에게 스쿼트도 가르쳐주었습니다. 마음이 속상하고 괴로울 때는 몸을 움직이는 것이 좋습니다. 몸과 마음은 서로 이어져 있으니까요. '발뒤꿈치 디디기' 운동을 하며 근육을 움직이면 도전 정신을 불러일으키는 호르몬, 테스토스테론이 분비됩니다. 저는 '그까짓 호르몬'이라고 부릅니다. 삶이 고달프고 괴로울 때 그까짓 것 얼마든지 이겨낼 수 있다는 마음이 들게 해주는 호르몬이니까요. 근육을 움직이며 '잠시 으라차차'

의 시간을 갖는 겁니다.

 일본은 재해가 자주 일어나는 나라입니다. 이재민을 도우러 재해지를 찾을 때면 어떤 말을 건네야 할지 늘 고민이 되지만, '잠시 한숨' '잠시 싱긋' '잠시 냠냠' '잠시 으라차차' 하는 시간을 염두에 두면서 훨씬 많은 도움을 드릴 수 있었습니다.

 우리도 일상에서 뭔가 어려운 문제에 부딪혔을 때 잠시 현실을 잊는 시간을 가져봅시다. 일부러 가지는 그 시간들이 마음을 다시 회복시켜줄 겁니다.

괴로운 현실은 머리를 싸매고 고민해봤자
더 괴로워질 뿐.
인생 앞에 무너질 것 같은 기분이 들 때는
'잠시 한숨' 돌리고 '잠시 싱긋' 웃는 시간을 갖자.

4장

애쓰려는 집착을 잊는다

세월의 선물,
어른의 마음

행복이 무엇인지
생각하지 않는다

"나는 참 행복합니다!"라고 말하지 않는 것이 일본 사람들의 국민성일까요? 2022년 국제연합UN에서 발표한 세계 행복 지수 순위에서 일본은 54위를 기록했습니다 (같은 해 한국은 146개국 가운데 59위였다–옮긴이).

어쩌면 "행복이란 대체 무엇일까?" 하고 지나치게 복잡하고 어렵게 생각하느라 일상 속의 작은 행복들을 보지 못하고 지나치는지도 모릅니다.

스웨덴에 있는 스톡홀름경제대학의 미카엘 달렌 교수

는 "행복은 심장 박동 수와 관련이 있다"라고 말했습니다. 역에서 길을 걷는 사람에게 말을 걸어 행복에 대해 물었더니 "걸으면서 답해도 되나요?" 하고 발걸음을 멈추지 않고 대답한 사람일수록 행복감이 대체로 높게 나타났다고 합니다.

몸을 움직이면 자연히 심장 박동 수가 높아지고 체온도 상승합니다. 체온이 올라가면 행복 호르몬이라 불리는 세로토닌과 쾌감 호르몬인 도파민뿐만 아니라 성장 호르몬 분비도 촉진되지요. 성장 호르몬은 신진대사와 깊은 관련이 있고 몸을 젊게 만들어주는데, 평소 체온이 높은 사람은 성장 호르몬이 쉽게 분비됩니다.

저는 사가시에서 주로 중년층과 노년층을 대상으로 '애쓰지 않는 건강 장수 실천 학원'이라는 강연회와 이벤트를 개최하고 있습니다. 부단한 노력의 결실인지 2022년 일본 국민건강보험중앙회가 발표한 조사 결과에서 사가현에 거주하는 여성의 건강 수명이 일본에서 가장 높게 나타났지요. '애쓰지 않는 건강 장수 실천 학원'에 찾아오는 사람들도 인터벌 걷기나 근력 운동을 시작한 뒤로 예전보다 조금 더 행복해졌다고 말하곤 합니다. 수입이 늘어난 것도, 환경이 바뀐 것도 아닌데 말이죠. 그저 몸을 움직여 심장 박동 수와 체온을 높이는 단순한 행동이 사실은 행복으로 다가가는 지름길일지도 모릅니다.

행복은 의외로 아주 단순하다.
머리로 복잡하게 생각하지 말고
몸을 움직여 심장 박동 수를 올리자.

노년이기에
노후 걱정은 필요 없다

'노후 불안'은 크게 두 가지로 나뉩니다. 의료와 돌봄, 그리고 경제적인 문제입니다. 나이가 들면 병에 걸리거나 다른 사람의 손길이 필요해지기도 하지요. 그럴 때 어떻게 생활하게 될지, 과연 누가 자신을 돌봐줄지 같은 문제들이 우리를 불안하게 합니다.

다양한 연령대의 사람들에게 이야기를 들어보니 나이 듦을 실감하기 시작하는 40대와 50대부터 불안감이 점차 강해진다고 합니다. 하지만 노후에 어떤 삶이 기다리고 있을지는 그때가 되지 않으면 아무도 알지 못합니다.

건강한 몸을 만들며 질병과 돌봄의 가능성을 낮출 수는 있지만, 아무리 조심하고 주의를 기울여도 병에 걸리거나 다른 사람의 도움이 필요해지는 경우는 얼마든지 있을 수 있습니다.

경제적인 문제도 마찬가지입니다. 완벽한 대비란 없지요. 아무리 돈을 많이 모아놓으려고 노력해도 인생에서 큰 사고나 사건을 만나거나 자식에게 무슨 일이라도 생기면 그때까지 마련한 자금이 한순간에 사라질 수 있습니다. 그래서 끝없이 불안한 것이지요.

하지만 막상 '노후'라 부르는 나이가 되고 보면, 더 이상 앞으로의 노후 따위는 생각할 필요가 없어집니다. 바로 지금, 노후를 살아가고 있는 셈이니까요. 지금의 건강 상태, 지금 가진 자산, 지금 곁에 있는 사람에게 그저 감사하며 살아가는 매일이 존재할 뿐입니다.

제 나이 올해로 75세. 언제 무슨 일이 일어나도 이상하지 않다는 각오만은 늘 가슴 한편에 가지고 있습니다. 이 나이까지 건강하게 살아왔으니 그걸로 충분하다고 여기

는 마음가짐이지요. 이미 노년이 되었으니 이제 노후에
대한 걱정 따위는 잊고 지금 이 순간을 마음껏 즐겨봅시
다. 그보다 더 큰 것을 바란다면 욕심쟁이가 아닐까요?

이미 '노후'이니 '노후 걱정'은 이제 그만,
지금 이 순간을 온전히 만끽하자.

마지막을 미리,
스스로 결정해둔다

악성 림프종을 앓는 85세 남성 환자가 가족과 함께 다른 지역에서 찾아왔습니다. 진료실에는 아들이 함께 들어왔습니다. 의사로 일한다는 아들은 아버지가 가능한 한 모든 치료를 받기를 원했습니다. 그러나 환자 본인의 생각은 달랐지요. 의견이 갈린 두 사람은 다른 의사의 소견을 구하러 저를 찾아온 참이었습니다.

"이미 살 만큼 살았습니다. 아픈 건 더 이상 겪고 싶지 않아요. 그러니 항암 치료도 받고 싶지 않습니다."

환자는 그렇게 자신의 의지를 분명히 표현했습니다.

아버지와 아들, 그리고 저 사이에 여러 대화가 오간 후 반대하던 아들도 마지막에는 아버지의 의지를 존중하려 노력하는 모습을 보였습니다.

그 후 저는 밖에서 기다리던 손주들을 진료실 안으로 불러들여 이렇게 말했습니다.

"지금 할아버지께서 수술과 항암 치료를 받지 않기로 결정하셨습니다. 환자 본인의 마음을 존중해드립시다."

그러자 환자는 기쁜 듯한, 안도한 듯한 표정으로 "감사합니다" 하며 제 손을 꼭 잡았습니다.

인생에서 후회를 남기지 않으려면 스스로 결정하는 것이 중요합니다. 의료 분야에서는 특히 '충분한 설명에 근거한 선택Informed choice'을 중요하게 여기지요. 어떤 병이든 치료 방법은 한 가지가 아닙니다. 그러므로 자신의 생활 환경과 가치관을 바탕으로 선택하는 것이 중요하지요. 그중에는 이 남성 환자처럼 '치료를 하지 않는다'는 선택도 있습니다.

3개월 정도 시간이 흐른 뒤, 환자의 아들에게서 편지

가 왔습니다. 환자는 가족에게 "고맙다, 이제 아무런 여한이 없구나. 사이좋게들 지내렴"이라는 말을 남기고 세상을 떠났다고 합니다.

떠나는 사람이 스스로 인정하고 받아들일 수 있는 삶을 살면, 떠나보내는 가족 또한 마음이 편안합니다. 그런 것이야말로 행복한 죽음이 아닐까요.

어떤 최후를 맞고 싶은가. 어떤 치료나 돌봄을 받을 것인가.

아직은 의사의 판단에 또는 가족의 의견에 모조리 맡기는 사람이 대부분입니다. 자신의 마지막 순간을 어떻게 보내고 싶은지 진지하게 생각해본 사람이 많지 않기 때문입니다. 병에 걸렸을 때, 다른 사람의 손길이 필요해졌을 때, 죽음이 눈앞에 다가왔을 때, 과연 나는 어떤 선택을 하고 싶은지 미리 생각해두어야 합니다. 예를 들어 연명치료를 해서라도 삶을 연장하고 싶다면 그러한 소망역시 솔직하게 인정할 필요가 있습니다.

충분히 생각한 후에는 재수 없는 소리라며 꺼리지 말

고 자신의 뜻을 가족이나 가까운 사람에게 제대로 전해 둡시다. 뜻하지 않은 일이 벌어졌을 때 가족의 짐을 덜어 주기 위해서라도 자신의 의견은 꼭 남겨두는 것이 좋으니까요.

행복한 최후의 필수 조건은 자기 결정.
자신의 목숨을 스스로 결정짓는 것은
가족에게 주는 가장 큰 선물이다.

나이는 우리를 더 깊고,
더 강하며,
더 지혜롭게 만든다.
그것은 우리를 더 완전하게 만든다.

-가브리엘 가르시아 마르케스

슬픔을 무리하게
치유하지 않아도 된다

얼마 전까지만 해도 신록이 눈부시던 나무들이 짙은 녹색이 되어 바람에 산들산들 흔들립니다. 스와중앙병원의 정원을 산책하다 보면 마음이 평온해집니다. 환자들이 가족이나 간호사의 손길을 빌려 휠체어를 타고 나와 계절의 꽃들을 즐기는 모습을 보면 무척 마음이 따스해지지요.

완화의료 병동에서는 환자가 떠난 후에도 가족을 잃은 상실감과 슬픔을 치유하기 위해 매년 가족 모임을 엽니다. 유가족의 마음 회복을 돕는 이른바 그리프 케어grief care이지요.

슬픔을 마주하는 방법은 사람마다 모두 다릅니다. 가버린 이를 떠올리며 슬퍼하기보다는 훌훌 털어버리고 웃으며 추억하고 싶어 하는 사람이 있는가 하면, 몇 년이 지나도 슬픔을 털어버리지 못하는 사람도 있지요. 슬픔을 어떻게 바라보고 마주하느냐는 사람에 따라 다르고, 달라도 괜찮습니다.

"마음이 후련해지신 분은 내년 가족 모임에 무리해서 오지 않으셔도 좋습니다. 그리고 마음이 여전히 무겁고 울적한 분은 꼭 오셔서 직원들과 찬찬히 이야기도 나누고 돌아가신 분을 떠올리며 정원도 걸어보시길 바랍니다. 이 모임에서 멀어진 분은 분명 건강하게 잘 지내고 계시리라 생각합니다. 그러니 주저 없이 여러분의 마음을 따라주세요."

유가족 모임이 열릴 때면 늘 이렇게 말하곤 합니다. 그러면 가족들도 피식 웃고는 속마음을 털어놓기 시작합니다. 이런 말을 들려준 사람도 있었지요.

"사실 이렇게 1년에 한 번 병원에 찾아오는 날이 무척 기대돼요. 오는 길 차 안에서 매일같이 남편 병실을 드나들던 시절을 떠올리거든요."

불단이나 무덤 앞에서 고인에게 말을 거는 것뿐만 아니라, 이렇게 떠나간 사람과의 추억을 되새기는 일도 슬픔을 치유하는 데 도움이 됩니다. 사람들은 누군가 슬퍼하는 모습을 보면 자기도 모르게 "어서 기운 차리세요"라고 격려하거나 슬픔을 하루빨리 잊어야 한다는 생각을 합니다. 하지만 소중한 사람과의 즐거운 추억을 떠올리고 다른 사람과 함께 나누는 것 또한 중요하지요.

슬픔을 억지로 잊으려 하지 않고 떠나간 사람과의 인연을 간직한 채 일상을 살아가는 사람들. 서양 정신의학계에서는 이러한 일본인의 정신에 주목했습니다. 1980년대에 일본을 찾아왔던 미국의 심리학자 데니스 클라스는 고인의 묘나 불단을 통해 선조와 대화하는 일본 사람들을 보고 '지속되는 유대Continuing bond' 이론을 발표했지요.

소중한 사람을 잃은 후에도 몸과 마음의 균형을 유지하며 건강하게 살아가려면 떠난 이와의 유대를 놓지 않는 것이 그만큼 중요하다는 뜻입니다.

슬픔을 어루만지는 데 필요한 시간은
사람마다 다르다.
때로는 누군가와 함께
추억을 이야기하는 것도 도움이 된다.

스스로를 안다는
착각을 잊는다

'너 자신을 알라'는 말은 그리스 델포이의 신전에 새겨진 아주 유명한 구절입니다. 나라는 존재를 자기 자신이 누구보다 잘 알고 있다는 생각은 어쩌면 비뚤어진 고정관념일지도 모릅니다.

'Who am I(나는 누구인가) 테스트'라고 들어보셨나요? 나는 어떤 사람인지, 자신의 장점과 단점, 성격, 특기, 좋아하는 것과 싫어하는 것, 신념, 자부심, 특성, 행동 방식 등 20가지 항목을 적어보는 테스트이지요. 자기 자신을 치우친 시각으로 바라보고 있지 않은지 알아보는 단서가 됩니다. 저도 한번 해보았습니다.

- 저는 《애쓰지 않는다》라는 책을 쓴 사람입니다.
- 저는 애쓰지 않는다고 말하면서 사실은 제법 애를 씁니다.
- 저는 부드러운 면과 엄한 면을 모두 가진 사람입니다.
- 저는 어릴 적 살기 어려웠던 시기에 많은 사람의 도움을 받았습니다.
- 저는 은혜를 갚기 위해 사회에 도움이 되는 일을 하고 싶습니다.
- 저는 남에게 말 못 할 부끄러운 일을 많이 한 사람입니다.

이렇게 스스로에 대한 항목을 채워나가다 보면 평소 마음속에 숨어 있던 무언가가 불쑥 얼굴을 내밉니다. '남에게 말 못 할 부끄러운 일'은 누구나 한두 가지쯤은 있기 마련이지요. 아무에게도 말하지 않고 그대로 무덤까지 가져가도 상관없습니다. 하지만 자기 자신만은 똑똑히 알고 있어야 합니다. 때때로 자신의 부끄러운 과거를 떠올리면 다른 사람에게 너그러워질 수 있으니까요. 그리고 그런 스스로를 조금이나마 용서해주는 것도 중요합니다.

　몇십 년간 함께해온 '나'에게는 다양한 얼굴이 있습니다. 저는 욕심이 많아서 '괴인 20면상'(추리소설 작가 에도가와 란포의 작품에 등장하는 괴도로, 20가지 얼굴로 변장할 줄 안다-옮긴이)만큼 다양한 얼굴이 있었으면 좋겠다고 생각하곤 합니다. 좋은 얼굴뿐만 아니라 고약한 얼굴도 있겠지만, 인간은 다중적이고 복잡하고 다면적이기에 재미있는 법이니까요. 소설 속 주인공에게 이런 면이 있다면 아주 유쾌한 이야기가 될 텐데 말이지요. 자신에게도 새로운 일면을 더하면 일상도 한결 즐거워지지 않을까요?

나에 대해서 자기 자신이 누구보다
잘 안다는 생각은 착각이다.
새로운 얼굴이 많아질수록 인생 또한 깊이가 생긴다.

그럼에도 불구하고
삶을 유머로 감싼다

"유머란 그럼에도 불구하고 웃는 것이다."

이 명언을 남긴 사람은 일본에 죽음학Thanatology(죽음을 직시함으로써 삶을 들여다보는 학문으로 생사학生死學이라고 도 부른다-옮긴이)을 널리 알린 가톨릭교회 신부, 알폰스 데켄입니다.

유머란 그저 시시한 말장난이나 '아재 개그'가 아닙니다. 눈앞에 몹시 힘들고 괴로운 상황이 놓여 있음에도 불구하고 웃는 마음의 여유, 기개, 용기, 자부심, 긍지가 담긴 일종의 능력이지요.

완화의료 병동의 환자들을 회진하다 보면 다양한 모습을 볼 수 있습니다. 뇌에 종양이 생긴 86세 여성은 종양마저 자신의 일부라고 다정하게 말합니다. 사실은 꼴도 보기 싫을 만큼 미운 존재일 테지만, 그녀는 종양이 커지거나 체력이 떨어질 때면 자기 자신을 가리켜 이렇게 말합니다.

"할머니는 하루아침에 이루어지지 않아요."

그녀의 유머에는 당해낼 도리가 없습니다.

저는 마음속에 '그럼에도 불구하고'라는 말을 소중히 간직한 채 살아왔습니다. 키워주신 아버지는 심장병을 앓는 아내와 가난한 살림에도 불구하고 저를 아들로 받아들였습니다. 제가 살아남을 수 있었던 것은 '그럼에도 불구하고' 꿋꿋이 살아온 아버지 덕분이었지요.

이치와 득실을 따져보았을 때 이쪽이 맞으니까, '그러니까' 어느 한쪽을 끊임없는 선택하는 것이 인생이라면 너무나 숨이 막히지 않을까요. 이치나 득실은 잠시 잊어버리고 그럼에도 불구하고 마음이 가는 곳으로 향하면,

훨씬 즐겁고 스스로도 당당히 사랑할 수 있는 인생이 펼쳐집니다.

"술도 담배도 안 합니다. 지금껏 열심히 살아왔는데, 왜 이런 큰 병에 걸려야 하는 거죠?"

이제 막 암 선고를 받은 환자가 이렇게 부조리한 인생을 원망하는 말을 들었습니다. 이해할 수 있습니다. 이치에 맞지 않는 상황이고, 득실을 따져보면 억울한 상황이니까요. 그러나 그럼에도 불구하고 현실은 받아들일 수밖에 없습니다. 그리고 이럴 때 유머가 필요합니다. 유머에는 암과 같은 거대한 부조리마저 받아들이고 앞을 향하게 하는 힘이 깃들어 있으니까요.

인생은 납득할 수 없는 부조리로 가득하다.
하지만 '그럼에도 불구하고'의 자세가 있으면
인생을 긍정적으로 바라볼 수 있다.

지금 내게 없는 것,
잃어버린 것은 놓아버린다

저는 S라는 친구로부터 이따금 메일을 받곤 합니다. 그는 51세에 조기 발병 알츠하이머 진단을 받았습니다. 67세가 된 지금도 돌봄 서비스의 힘을 빌려 홀로 생활하고 있지요. 때로는 치매를 앓는 당사자로서 강연을 열기도 합니다. 얼마 전에 받은 '나의 기쁨'이라는 제목의 메일에는 본인이 기쁜 이유 여덟 가지가 조목조목 적혀 있었습니다.

1. 누군가의 제약 없이 자유롭게 생활할 수 있다.

2. 치매와 당뇨병 이외에는 다른 병 없이 지극히 건강하다.

보통 치매와 당뇨병을 앓으면 병이 있다며 지글지글 속을 끓이는 경우가 많지만, S는 사뭇 긍정적입니다. '자신에게 없는 것', '자신이 잃어버린 것'이 아니라 '지금 나에게 있는 것'에 초점을 맞추기 때문입니다. 그러면 자존감이 훌쩍 높아집니다.

3. 밥이 맛있게 느껴진다.
4. 살아 있음에 감사할 수 있다.

밥이 맛있다든지, 가고 싶었던 곳에 갈 수 있었다든지, 사소한 일 하나하나도 당연하게 여기지 않고 작은 기쁨에 감사하는 것이 얼마나 중요한지 S를 통해 배웠습니다.

5. 많은 사람이 나를 지켜봐준다.
6. 메일로 마음을 주고받는 친구가 많다.

제가 바로 S와 메일을 주고받는 친구 중 한 명입니다. 가끔은 너무너무 외롭다는 메일이 오기도 하지요. 그는 홀로 생활하지만, 많은 사람의 관심과 보살핌을 받고 있습니다. 미술관에 가기를 좋아해서 이따금 그처럼 미술관을 좋아하는 친구가 전시를 관람하러 데려가주기도 하고요. 다른 사람에게 신세 지고 싶지 않다고 말하는 사람도 있지만, 그는 적극적으로 다른 사람과 인연을 만들고 필요할 때는 도움도 받습니다.

7. 나에게는 무한한 가능성이 있다.
8. 밝은 미래가 기다리고 있다는 생각이 든다.

때때로 목욕물을 받다가 잊어버려서 물이 잔뜩 넘치거나 집에 가는 길을 깜빡하기도 하지만, 치매를 앓는 자신이 과연 어디까지 할 수 있을지 매일매일 도전하는 일상이라고 합니다.

하루하루 스트레스와 고단한 일상으로 마음이 꺾이기 쉬운 우리. S를 본받아 나의 기쁨이 무엇인지 적어보는 것도 마음을 어루만지는 좋은 방법일지 모릅니다. 치매 때문에 많은 사실을 잊어버리더라도 지금 내게 있는 행복을 느낄 수 있다면 다른 것들은 모두 잊어도 괜찮지 않을까요?

행복의 모습은 각양각색.
지금 당신이 '행복하다'고 느낄 수만 있다면
다른 것들은 모두 잊어도 괜찮다.

나이 들면서 깨닫게 되는 것은
인생의 진정한 아름다움은 평범한 순간들 속에 있다는 것이다.

- 에밀리 에스파하니 스미스

그럭저럭 괜찮은 인생이었다면
그걸로 충분하다

삶이 팍팍한 시대에는 '반출생주의'라는 생각이 사람들의 마음속을 슬며시 파고들곤 합니다.

"나는 세상에 태어나지 말았어야 했어."

"이렇게 힘들고 괴로운 세상에서는 아이를 낳지 말아야 해."

이는 인도 철학과 그리스 철학에도 존재하는 사상입니다.

예전에 철학자 모리오카 마사히로 씨를 만난 적이 있

습니다. 그가 쓴 《태어나지 말았어야 했을까?》라는 책에
는 반출생주의에 매료되면서도 그에 저항하려는 사색의
흔적이 담겨 있습니다. 그는 제게 이렇게 말했습니다.

"언젠가는 죽어야만 하는데 어찌하여 태어났을까 하
는 부조리한 느낌. 또 하나는 다른 존재에게 피해를 끼치
면서 살아올 수밖에 없었던 나 자신에 대한 부정적인 마
음. 나는 지금까지 아주 많은 대상에게 상처를 줬고 그런
존재는 이 우주에 없는 편이 낫다고 생각하는 것이죠. 이
런 두 가지 생각이 제 마음속에 상처가 되어 존재하고, 그
래서 반출생주의에 공감하는 게 아닐까 싶습니다. 하지
만 태어나지 말았어야 한다고 해도 현실의 나는 이미 태
어나버린 뒤죠. 남은 인생을 살아가려면, 태어나길 잘했
다는 생각이 들도록 살아가려면 어떻게 해야 할지를 철
학자로서 저의 과제로 삼아야겠다고 어느 순간 결심했습
니다."

한편 반출생주의 따위는 가볍게 걷어차버린 92세 남
성도 있습니다. 폐암 말기 환자인 그는 어느 날 갑자기 피

를 토했습니다. 지혈제를 처방하려는 주치의를 만류하며 그는 이렇게 말했습니다.

"내 병명이 뭔지 아슈? 폐암 말기요. 피가 좀 나와도 전혀 이상하지 않지. 그러니까 지혈제는 필요 없소."

주치의에게 이야기를 전해 들은 저는 회진을 돌 때 그에게 물었습니다.

"이미 각오가 되셨다는 뜻인가요?"

"그렇소."

"후회는 없으세요?" 하고 덧붙이자 이번에는 빙긋 웃으며 이렇게 말했습니다.

"'후회'는 죽은 '후에'나 하는 거지."

저와 함께 회진을 돌던 수련의와 의대생들 모두 웃음을 빵 터트렸습니다.

어떤 인생이든 좋은 일과 나쁜 일이 있기 마련입니다. 중요한 점은 자신의 인생을 넓은 시야로 바라보았을 때 괜찮은 삶이었다고 인정할 수 있느냐는 데 있지요. 그리고 그 결론에 스스로 납득하는 것 또한 중요합니다. 이것이야말로 "태어나지 말았어야 했나?"라는 의문이 우리에게 감히 접근하지 못하게 만드는 비결입니다.

세상에 태어났음을 후회해보았자 소용없다.
내 인생 전체가 좋았다고 인정하지는 못해도,
마지막에 어느 정도 괜찮았다고 납득할 수 있다면
그걸로 충분하다.

지금 당장 결론을
내리지 않아도 좋다

어떤 잡지의 인생 상담 코너를 통해 이런 질문을 받은 적이 있습니다.

"아들이 마흔이 넘어서도 아르바이트만 전전하며 함께 살고 있어요. 자식을 잘못 키운 제 잘못이라고 스스로를 탓할 때도 많아요. 아들을 어떻게 대해야 할까요? 그리고 저는 어떻게 마음을 정리하면 좋을까요?"

부모로서 자녀가 오롯이 자립하기를 바라는 마음은 충분히 이해가 됩니다. 가능하다면 자식이 인생의 짝을 찾아 손주 얼굴까지 보여준다면 한결 마음이 놓이리라는 데에도 공감하고요. 그러나 아이에게는 아이의 삶이 있고, 아이가 부모가 바라는 대로 살아가리라는 보장은 어디에도 없습니다.

이처럼 정답이 없는 문제를 다룰 때, 저는 '재고 조사'와 '보류'라는 두 가지 방법을 사용합니다. 여기서 '재고 조사'란 창고 안의 제품 수량과 상태를 체크하듯이 현재 상황을 낱낱이 파헤쳐 정확히 확인하는 일을 뜻합니다. 아이의 경제적 자립과 정신적 자립을 막는 원인을 찾아내면 적절히 도와서 홀로서기로 이끌 수 있지요. 부모가 최소한의 지원을 바탕으로 자녀를 내보내면, 자녀 역시 새로운 인생을 시작할 수 있을지도 모릅니다.

또 하나, '보류'는 일부러 지금 당장 결론을 내리지 않는 방법입니다. 바로 답을 내놓으려 하거나 상대방을 다그치지 않고 때가 오기를 기다리는 겁니다.

이 사례에서는 아들이 '독립하지 못하는 문제'를 잠시 나중으로 미뤄두고 부모 자식 간의 관계를 새로이 쌓아보는 게 '보류'에 해당합니다. 이를테면 함께 야구 경기를 관람하고 돌아가는 길에 술을 한잔하며 즐거운 시간을 가져보면 어떨까요? 이러쿵저러쿵 잔소리하고 싶은 마음을 꾹 참고 관계부터 다시 만들어나가면, 아들도 자연히 자신의 인생은 물론 늙어가는 부모님의 삶도 생각하게 될 테니까요.

보류라는 말은 무책임하게 문제를 뒤로 미루는 듯해 부정적으로 들릴 수 있지만, 언제까지고 판단을 미뤄둔다는 뜻은 아닙니다. 단단히 각오를 다지고 적절히 보류하면 의외로 좋은 결과가 나오기도 하지요. 어려운 문제에 부딪혔을 때는 '재고 조사'와 '보류'의 관점에서 다시한번 생각해봅시다.

어려운 문제에는 바로 답을 내놓지 않는 것이
더 나을 때도 있다.
저절로 해결될 때까지 차분히 기다리는 용기를 갖자.

일희일비하지
않는다

인생은 어떤 일이 일어날지 아무도 알지 못합니다. 즐거운 일이 있는가 하면 슬픈 일도 있지요. 어떤 때는 무슨 일을 해도 자꾸 벽에 부딪히고, 어떤 때는 모든 일이 매끄럽게 술술 풀리기도 합니다. 그것이 인생이지요.

중요한 점은 좋은 일도 나쁜 일도 영영 계속되지는 않는다는 사실입니다. 순식간에 밀려들었다 다시 멀어지는 파도처럼 끊임없이 변화하지요. 인생은 그야말로 '파도'와 같습니다.

저는 가난한 환경에서 자랐습니다. 어린 시절 친구가 여름방학에 가족 여행을 다녀왔다는 이야기를 하면 참을 수 없이 부러웠지요. 하지만 그럴 때마다 저는 스스로에게 말했습니다.

"언젠가 친구들 중 아무도 가지 못하는 곳에 갈 수 있는 사람이 되자."

나의 인생에도 반드시 좋은 파도가 찾아올 거라고, 그러니 그 순간을 위해 좌절하지 말고 계속 노력하자고 다짐했습니다.

인생의 목표와 수명의 관계를 고찰한 흥미로운 연구 논문이 있습니다. 미국에서 중년층과 노년층 6,000명을 대상으로 14년에 걸쳐 조사한 내용을 캐나다 칼턴대학교의 연구자가 새로이 분석한 논문이지요.

이 논문에 따르면 '인생에 뚜렷한 목적의식이 없고 부정적인 시각으로 삶을 살아가는 사람'은 사망률이 확연히 높게 나타났습니다. 반대로 '어떤 순간에도 목적과 희망을 잃지 않고 살면 장수할 수 있다'는 결과도 나왔습니다.

제가 맨 처음 의사로 부임한 곳은 도쿄와는 멀리 떨어진 나가노 지역의 스와중앙병원이었습니다. 당시 스와중앙병원은 의사도 부족하고 금방이라도 망해버릴 것 같은 병원이었기에 대학교 동기들에게 '유배다', '꽝을 뽑았다'는 짓궂은 말도 들었지요.

하지만 저는 신경 쓰지 않았습니다. 오히려 이렇게 마음먹었습니다.

"언젠가 환자도 의사도 잔뜩 모여드는 좋은 병원으로 만들어야지!"

지역 주민들의 건강을 위해 다양한 활동을 펼치고 함께 일하는 의사와 간호사들이 힘을 합쳐 노력한 끝에 현재 스와중앙병원은 지역 주민들에게 사랑받는 병원, 전국에서 수련의들이 찾아오는 병원이 되었습니다.

지금 당장은 실패했다 하더라도 앞으로도 계속 실패하리라는 법은 없습니다. 그러니 어렵다고 해서 쉽게 단념해버려서는 안 됩니다. 언젠가 반드시 좋은 파도가 밀려오리라 믿고 언제든 그 파도에 훌쩍 올라탈 수 있도록 준비해두어야 하지요. 꺾이지 않는 정신은 어떤 일이 생기든 긍정적이고 적극적으로 살아갈 힘이 되어줍니다.

좋은 파도를 맞이한 사람은 주의를 기울이자.
나쁜 파도를 마주한 사람은 앞으로 재미있는 일이
펼쳐지리라 믿자.

죽은 후는
신경 쓰지 않는다

저승이 있다고 믿으시나요? 영혼은 과연 존재할까요?

사람마다 생각이 다를 테지요. 얼마 전에 저세상이라는 주제로 이야기꽃을 피웠습니다. 《병원에서 죽는다는 것》이라는 베스트셀러를 쓴 완화의료 전문의 야마자키 후미오 씨와 대담을 나누면서 말이지요. 그는 대장암이 양쪽 폐로 전이되어 4기 진단을 받았습니다. 당시 제가 인터뷰 진행을 맡았는데, 야마자키 선생님이 불쑥 이런 질문을 던졌습니다.

"가마타 선생님은 자신이 죽은 뒤를 생각해본 적이 있

으세요?"

"물론 생각해본 적은 있지만, 저는 사후 세계는 없어도 좋지 않을까 생각합니다."

저는 이렇게 답했습니다.

야마자키 선생님은 살날이 얼마 남지 않은 환자에게 도 "우리가 죽고 나면 어떤 일이 벌어질까요?"라고 묻는 다고 합니다. 그러면 "우주에서 태어났으니 우주로 돌아 가겠지요"라는 등 환자마다 각기 다른 답을 내놓습니다. 그때 야마자키 선생님은 이런 질문을 덧붙입니다.

"사후 세계가 있다면, 누구를 만나고 싶으세요?"

사람들은 대부분 "엄마를 만나고 싶어요"라든지 "엄마 가 마중을 나와줬으면 좋겠네요"라고 말합니다. 이때 야 마자키 선생님은 다음과 같이 대답합니다.

"그럼 어머님께 바통을 넘길 때까지는 제가 곁에 있겠 습니다."

그러면 환자들은 비로소 마음을 푹 놓습니다. 이 말을 듣고 '과연 완화의료의 명인이구나' 하고 감탄했습니다.

완화의료의 명인인 그도 원래부터 사후 세계에 관심이 있었던 것은 아니라고 합니다.

"스스로가 막상 4기 암 환자가 되고 보니 사후 세계가 있었으면 좋겠다, 아니 꼭 있었으면 좋겠다고 생각하게 되었어요."

죽음을 앞두었을 때 강하게 밀려드는 정신적 고통은 죽음 이후에 또 다른 세상이 존재한다고 생각할 때 조금이나마 누그러든다는 사실을 그의 말을 듣고 깨달았습니다. 때로는 그런 생각이 환자에게 도움이 될 수도 있겠지요.

저는 영혼을 믿지는 않지만, 영혼의 존재를 믿음으로써 마음의 위안을 얻는 사람들이 있다는 사실도 충분히 이해합니다. 그래서 환자들 가운데 영혼의 존재나 사후 세계를 믿는 사람이 있으면, 그들의 생각을 기꺼이 받아들여야겠다고 늘 생각해왔습니다.

하지만 제 자신의 죽음을 생각할 때면 역시 저세상은 없어도 된다는 생각이 듭니다. 저세상으로 떠나 새로운 삶을 살지 않아도 괜찮습니다. 니체가 말하는 '영원회귀'

도, 인도 철학에서 말하는 '윤회'와 '환생'도 필요치 않습니다.

인생은 한 번만으로도 충분합니다. 단 한 번뿐이기에 좋은 일도 나쁜 일도, 성공도 실패도 흔쾌히 받아들일 수 있으니까요. '팔팔하고 건강하게 단판으로 승부를 가리자.' 이렇게 생각하게 된 뒤로 언제나 마음이 날아갈 듯 홀가분했습니다.

저세상이 있다는 믿음으로 위안을 얻어도 괜찮다.
하지만 나는 인생이 이 세상에서 벌이는
단판 승부라고 생각하고 싶다.

5장

세상이 말하는
정답을 잊는다

단순하게, 홀가분하게 누리는
인생 후반

언제나 말과 태도를
가다듬는다

그럴 의도는 전혀 없었건만, 다른 사람에게 내 말이 잘 못 전해져서 인간관계가 삐거덕거린 적은 없으신가요?

누군가에게 하고 싶은 말을 온전히 전하기란 실로 어려운 일입니다. 어떻게 해야 상대방에게 올바르게 전해질지 평소 다른 사람의 입장에서 생각하지 않기 때문이지요. 어떤 말투, 목소리 톤, 크기로 말해야 상대가 알아듣기 쉬울지 곰곰이 생각해보아야 합니다. 상대방이 이해하지 못하는 방식으로 말을 걸어보았자 소통은 이루어지지 않으니까요.

지금껏 의사로서 각양각색의 배경을 지닌 환자들과 대화해왔습니다. 가끔은 회복을 기대할 수 없다는 가혹한 현실을 환자에게 알려야만 할 때도 있었지요.

그럴 때 특히 유념하는 부분은 바로 비언어적 메시지입니다. 말로는 냉정한 현실을 전하면서 태도와 분위기로는 '희망이 있다'고 알려주는 게 중요합니다. 그러려면 차분하고 조금 나지막한 목소리로 천천히, 환자가 의사의 말을 이해했는지 차근차근 확인하며 말을 해야 합니다.

63세 환자 A 씨는 자궁내막암이 발견되었을 때 이미 간과 뼈, 복막까지 전이된 상태였습니다. 도쿄에 있는 대학병원에서 치료가 불가능하다는 이야기를 듣고 눈앞이 캄캄해진 상황이었지요. 평소 제가 쓴 책을 읽던 A 씨는 지푸라기라도 잡는 심정으로 제가 병원장으로 있는 병원의 완화의료과를 찾아왔습니다.

그녀의 바람은 괴로운 통증을 없애고 남은 시간을 여유롭고 행복하게 보내는 것이었습니다. 그러려면 무엇보다 병 때문에 발생한 부종을 먼저 없앨 필요가 있었습니다. 다리에 깊은 정맥혈전증이 발생해서 코끼리 다리처럼 심각하게 부어오른 상태였으니까요.

의료진은 환자의 바람에 부응하기 위해 많은 방법을 동원하기로 했습니다. 먼저 림프 드레나지라 불리는 마사지 치료의 대가, 사토 가요코 선생님에게 도움을 요청했지요.

"발목이 이렇게나 얇아지다니!"

사토 선생님의 마사지는 금세 효과를 보였고 그날 밤 A 씨는 놀라움과 기쁨에 목소리를 높였습니다. 나중에는 사토 선생님에게 지도를 받은 직원이 A 씨에게 꾸준히 마사지를 진행했습니다.

다리의 통증이 서서히 줄어들고 마음의 안정을 얻자 A 씨의 내면에도 변화가 생겼지요. 그녀는 병동 라운지에 있는 피아노 앞에 앉아 연습을 하기 시작했습니다. 하루하루 떠날 시간이 다가오는 와중에도 A 씨는 포기하지 않고 어제보다 오늘, 오늘보다 내일 더 알찬 하루를 보냈습니다. 그리고 마침내 외국에서 돌아온 딸 앞에서 피아노 연주를 선보였습니다. 보기 좋은 모녀의 평온한 대화,

그리고 그런 모습을 지켜보는 남편. 가족에게 아주 특별한 시간이 되었겠지요.

얼마 뒤 A 씨는 세상을 떠났고, 그녀의 남편에게서 감사 편지가 왔습니다. 잘 보살펴주셨다고, 고생이 많으셨다고 인사를 전하기 위해 전화를 걸었더니 밝은 목소리가 들려왔습니다. 이제 곧 A 씨의 사진을 들고 인도의 갠지스강으로 여행을 떠난다는 이야기였지요.

마지막까지 단념하지 않고 생명을 불태우는 삶의 자세는 이처럼 남은 사람의 마음속에서 언제까지고 살아 숨 쉽니다. 그 희망을 꺼트리지 않도록 말과 태도를 가다듬는 게 무척 중요합니다.

태도와 분위기는 말보다 더 강하게 전해진다.
그러므로 말이 아닌 다른 곳에 '희망이 있다'는
메시지를 담자.

하루하루를
새로이 시작한다

어떤 사람은 매일 아침 일을 시작하기 전에 책상 위를 정성껏 닦는다고 합니다. 따로 신경 쓰지 않으면 책상 위에 이런저런 자료가 어지러이 널브러지기 십상인데, 모두 말끔히 정리해서 아무것도 없는 상태로 만들고 나서 꼭 비틀어 짠 걸레로 책상을 닦는다고 하지요.

언뜻 깨끗해 보이는 책상도 막상 닦아보면 생각보다 먼지가 많이 쌓여 있습니다. 깨끗이 닦아 말끔해진 상태에서 '자, 오늘 하루는 뭘 할까?'라고 생각하면 할 일이 명확해지고 일의 능률도 올라간다고 합니다. 그런 의미에서 책상 닦기는 매일매일 하루를 새로 시작하는 의식이라 할 수 있지요.

그런가 하면 아침마다 창문을 닦는 사람도 있습니다. 집 안에 있는 창문을 모두 닦기는 어려우니 딱 하나만 골라 닦는다고 합니다. 창문을 닦으며 매일 아침 창밖 풍경을 새로운 시선으로 바라보면 지금까지 보지 못하고 지나쳤던 부분을 발견할 수 있다고요.

저를 키워주신 아버지는 간암으로 돌아가실 때까지 매일같이 빗자루로 거리를 청소하셨다고 합니다. 장례를 치르느라 아버지 집에서 하루를 보낸 뒤 우연히 들른 찻집에서 손님들이 하는 이야기를 듣고 처음 알게 된 사실입니다.

"H 씨가 돌아가셨다지."

"매일 역 앞 거리를 청소해줘서 늘 고마웠는데 말이야."

모두 아버지에 대한 이야기였습니다. 집 앞뿐만 아니라 역의 두 개찰구 사이를 잇는 500미터쯤 되는 길까지 매일 청소했다고 했습니다.

아버지는 위암 수술을 받았고 몇 년 뒤에는 간암이 발견되었습니다. 그때는 이미 전이가 진행된 상황이었지요. 그래도 아버지는 무척 밝았습니다. 스와호라는 호수에서 열리는 불꽃놀이 축제에 갔을 때는 자리를 마련해준 사람에게 고맙다며 본인이 즐겨 부르던 노래를 불러주었지요. 그러고는 이렇게 인사했습니다.

"아마 내년에 열리는 불꽃놀이는 보지 못하겠지요. 그래도 멋진 순간을 만들어줘서 고맙습니다."

아버지는 임종이 가까워져도 슬퍼하거나 한탄하는 모습을 보이지 않았습니다. 돌아가시기 직전까지 면도나 양치질 같은 일도 모두 스스로 해내며 평소처럼 지냈지요. 거리를 청소하는 일도 그중 하나였던 모양입니다. 아버지가 어떤 생각으로 청소를 시작했는지는 모릅니다. 매일매일 새로운 기분을 느끼고 싶어서 길을 쓸었을지도 모르고, 혹은 자신의 일이라고 마음속으로 정해두었을지도 모르지요. 문득 독일의 종교 개혁자 마르틴 루터의 말이 떠오릅니다.

"내일 세상이 멸망할지라도 나는 오늘 한 그루 사과나무를 심겠다."

저는 아버지의 모습에서 하루하루의 습관이 인생 전체를 지탱하는 습관이 된다는 사실을 배웠습니다. 저도 하루하루를 소중히 여기며 매일 새롭게 시작하는 마음으로 살고, 마지막 하루도 그렇게 보내고 싶습니다.

세상의 종말이 다가와도
담담히 사과나무를 심는 사람이고 싶다.
오늘이라는 새로운 날을 소중히 여기며 살아가자.

조언 대신
애정을 준다

어느 나이 지긋한 부부의 이야기입니다. 나이가 들고 돌봄이 필요해져서 남편은 노인을 돌보는 공공 요양 시설에서, 아내는 다른 민간 요양원에서 각각 생활 중입니다. 부부 사이지만 벌써 몇 년째 얼굴을 보지 못했지요. 그러던 어느 날, 남편은 요양 시설의 직원에게 아내가 보고 싶다고 속마음을 털어놓았습니다. 만약 여러분이 직원이라면 어떻게 대응하겠습니까? 보통 이런 말 정도밖에 할 수 없을 겁니다.

"적적하시겠지만 다른 시설에 계시니 어쩔 수 없네요."

하지만 그 직원은 아내가 보고 싶다는 남편의 이야기를 귀 기울여 듣고 재활 운동의 의욕을 높이는 데 활용했습니다.

"걸을 수 있게 되면 아내분이 계신 곳으로 직접 만나러 갑시다."

직원의 제안은 남편을 완전히 바꿔놓았습니다. 재활에 부단히 힘쓴 남편은 결국 직원들의 도움을 받아 아내를 만나러 갈 수 있었지요.

이 이야기는 도쿄 세타가야구에 있는 공공 요양 시설의 원장과 직원들을 대상으로 인터뷰를 진행하다가 들은 내용입니다. 어떻게 직원들이 이렇게 적극적으로 일할 수 있었을까요? 이를 알아내기 위해 원장에게 "리더로서 자신만이 가진 노하우는 무엇인가요?"라고 질문하자 이런 답이 돌아왔습니다.

"상사는 '주유소'라고 생각해요. 직원이 뭔가 이야기를 하러 오면 똑바로 마주하고 마치 자동차에 기름을 넣듯이 애정을 공급해주는 것이죠. 조언보다 애정을 줘야 합니다. 애정을 가득 채운 직원들이 현장으로 돌아가 환자에게도 애정을 전합니다."

그 말을 듣고 깊이 고개를 끄덕였습니다.

우리는 마치 자동차마냥 늘 이쪽저쪽으로 바쁘게 뛰어다닙니다. 그리고 이 자동차를 움직이려면 많은 도움과 지지가 있어야 하지요. 가까운 인간관계에서도 가끔은 누군가의 '주유소'가 되어보면 어떨까요? 멋지고 쓸모 있는 조언은 해주지 못해도 괜찮습니다. 그저 편안한 분위기를 느끼게 해주는 것만으로도 충분합니다.

자신을 찾아온 후배들에게 설교가 아니라
애정을 가득 전해줄 수 있는 사람이 되자.

노년은 인생의 황금기이다.
인생의 모든 계절을 겪어보지 못한 사람은 참된 성숙을 알 수 없다.

- 에릭 에릭슨

친절은
무겁지 않게 베푼다

지금껏 다른 사람에게 친절하게 행동하는 것이 인간 관계의 기본이라고 여기며 살아왔습니다. 누군가를 상냥하고 다정하게 대하면 상대방뿐만 아니라 스스로도 기분이 좋아져서 옥시토신과 세로토닌 분비가 늘어나고 자연히 더 행복한 기분이 들지요. 건강에도 좋습니다.

그런데 다른 사람에게 상냥하게 굴고 친절을 베푸는 행동이 상대방에게 무언의 압력을 가하거나 넌지시 보답을 요구하는 일로 이어질 때도 있습니다.

"내가 이만큼 해줬으니 너도 그만큼 돌려줘야지. 나는 이렇게나 잘 해주는데, 너는 왜 그렇게 해주지 않니?"

이런 행동은 친절이라는 이름의 폭력이나 다름없습니다. 친절이 폭력이 되면 마치 오래도록 녹지 않고 굳어진 묵은눈과 같이 인간관계가 무거워집니다. 도로 위 빙판처럼 오랫동안 녹지 않고 남아서 사람들을 자꾸 넘어지게 만드니 아주 위험하지요.

다른 사람에게 친절을 베풀 때는 방금 쌓인 보드라운 눈처럼 행동하면 어떨까요.

"보답은 필요하지 않아요. 잊어버리셔도 됩니다."

보슬보슬 폭신하고 손바닥의 온기에도 금세 녹아 사라져버리는 눈. 그런 눈과 같이 산뜻하고 가뿐한 친절이 가장 좋습니다.

친절은 보답을 바라지 않고 자연스럽게.
10초 후면 스르륵 사라져버릴 만큼 산뜻할수록 좋다.

선물을 하기보다
부탁을 한다

저는 어릴 적부터 많은 사람의 도움 속에서 자라왔습니다. 심장이 약한 어머니가 병원에 입원하고 아버지도 직장에서 늦게 돌아오는 날이면 이웃 아주머니가 밥을 챙겨주셨지요. 의사가 되어 나가노현에 부임했을 때도 주민분들이 집으로 초대해 따뜻한 밥을 챙겨주셨습니다.

"집에서 밥 한 끼 드시고 가세요."

사실 주민들 입장에서는 반쯤 겉치레로 하는 인사말이었을지도 모릅니다. 그런데 정말로 사양 않고 찾아갔더니 '오라고 했더니 진짜로 오는' 재미있는 사람, '속마음'을 드러내고 진심으로 가까워질 수 있을 것 같은 사람으로 비친 모양입니다. 다른 사람의 친절을 스스럼없이 받아들이는 것은 아무래도 저의 특성인가 봅니다.

'프랭클린 효과'라 불리는 현상이 있습니다. 미국의 정치가 벤저민 프랭클린은 정치적으로 대립하는 인물을 자기편으로 만들기 위해 일부러 상대방에게 한 가지 부탁을 했습니다. 그러자 적대하던 상대가 자신의 부탁을 들어주었고 전과 달리 친밀한 사이가 되었다고 합니다.

왜 이런 일이 일어날까요? "굳이 그 사람의 부탁을 들어주는 이유는 내가 상대방을 좋게 생각해서야!"라고 뇌가 자기 합리화를 하기 때문이라고 합니다. 이러한 뇌의 버릇을 절묘하게 이용한 것이 바로 프랭클린 효과이지요.

선물을 하는 것보다 부탁을 하는 게 더 효과적인 이유가 여기에 있습니다. 사람은 사이가 좋지 않은 상대로부터 선물을 받으면 "대체 무슨 꿍꿍이지?" 하고 경계하지만, 그 상대가 부탁을 하면 기분이 좋아집니다. 별로 좋아하지 않는 사람이라도 기대에 부응하고 싶어지지요.

"저 사람은 나랑 잘 안 맞으니까 되도록 엮이지 말자."

마음에 들지 않는 사람을 향한 이런 기분도 충분히 이해하지만, 좋고 싫음 같은 자신의 감정은 잠시 잊고 상대방이 어떤 일을 잘하고 자신 있어 하는지 파악해봅시다. 그런 다음 상대방에게 딱 알맞은 부탁을 하면 그 사람은 자신의 능력을 인정받았다고 느끼고 좋은 협력자가 되어줄 겁니다. 하물며 이미 좋아하는 사람에게 뭔가 부탁하면 관계가 더 좋아지겠지요.

벤저민 프랭클린은 이런 말도 남겼습니다.

"내가 나만을 위해 일할 때 나를 위해 일하는 사람은 오직 나 하나뿐이었다. 그러나 내가 다른 사람들을 위해 일하기 시작하자 사람들도 나를 위해 일해주었다."

프랭클린의 말대로입니다. 어려운 사람이나 사회에 도움이 되는 일이라면 훨씬 쉽게 협력을 얻을 수 있지요.

저는 우크라이나, 이라크, 체르노빌, 후쿠시마 등 여러 지역에서 어려움에 처한 사람들을 돕기 위해 꾸준히 지원 활동을 벌이고 있습니다. 이러한 활동을 30년 넘게 이

어올 수 있었던 까닭은 많은 사람의 도움을 얻고 끌어들여 조력자를 늘린 데 있지 않을까 싶습니다. 실제로 여러 뮤지션에게 재난 지역에 가서 노래로 사람들을 위로해주지 않겠느냐고 물었을 때, 대부분 꼭 한번 해보고 싶었다며 흔쾌히 힘을 빌려주었습니다.

누군가를 향한 좋고 싫은 감정은 시시각각 달라집니다. 감정은 잠시 미뤄두고 그 사람을 똑바로 마주하다 보면 지금껏 알지 못했던 면을 새로이 발견하기도 합니다. 그러니 먼저 상대방의 친절을 흔쾌히 받아들이거나 뭔가 부탁을 해서 벽을 없애보면 어떨까요?

부탁을 잘하는 사람은 불편한 사람도
내 편으로 만든다.
다양한 사람과 작은 협력 관계를 쌓아보자.

힘들수록
다정해진다

뉴질랜드의 전 총리 저신다 아던은 2020년 3월 코로나 바이러스 확산을 막기 위한 대책으로 국가 전역에 도시 봉쇄를 감행하면서 국민들에게 이런 말을 남겼습니다.

"강인해져야 합니다. 하지만 친절해야 합니다. 그러면 우리는 괜찮을 겁니다."

저신다 아던은 공감 능력과 커뮤니케이션 능력이 무척 뛰어난 리더로 평가받습니다. 우리는 지금까지 정치가에 게 가장 필요한 능력이 강한 리더십이라고 이야기해왔지 만, 다정함이야말로 지금 같은 시대에 꼭 필요한 자질일지도 모릅니다. 국민을 "500만 명으로 이루어진 우리 팀"이라 부르며 인간으로서 중요한 부분을 한결같이 관철해온 저신다 총리. 그녀에게서 뉴질랜드 국민은 물론 전 세계 사람들도 새로운 리더의 모습을 발견했습니다.

힘들고 괴로운 순간에도 마음을 차분하게 유지하고 다른 사람에게 다정하려면 강한 마음이 필요합니다. 스트레스를 받았다고 다른 사람을 공격하며 분노를 발산하는 것은 나약함의 증거이지요. 다른 사람에게 친절을 베풀수록 우리는 한결 쉽게 현실의 괴로움을 극복할 수 있습니다. 그리고 인생은 아름다워집니다.

다른 사람을 상냥하게 대하고 친절을 베푸는 일은 건강에도 좋은 영향을 미칩니다. 평소 봉사 활동을 하는 고령자는 봉사 활동을 하지 않는 고령자에 비해 고혈압에 걸릴 위험성이 40퍼센트나 낮습니다. 미국 카네기멜론 대학교에서 발표한 논문의 내용이지요. 다른 사람을 위해 활발하게 활동하는 것이 삶의 보람과 안정감으로 이어져 결과적으로 혈관 건강이 개선된다는 이야기입니다.

누군가에게 친절을 베풀면 사랑 호르몬이라 불리는 옥시토신 분비도 증가합니다. 옥시토신은 근육의 재생을 활발하게 만들고 몸을 젊게 만들어줍니다. 옥시토신에 산화 작용을 일으키는 활성산소를 억제하는 기능이 있어서 세포와 혈관의 노화를 늦춰주기 때문이지요.

웃는 얼굴을 보여주기가 어려운 시대입니다. 그럴 때일수록 "감사합니다", "늘 고마워요" 하고 더 열심히 소리 내서 인사해보면 어떨까요? 지하철이나 버스에서 다른 사람에게 자리를 양보하고, 기분이 안 좋아 보이는 친구에게 넌지시 작은 배려를 건네고요. 그런 상냥함은 그곳에 있는 모두를 따뜻하게 만들고 주변 사람에게도 작은 상냥함을 전해줍니다. 그리고 그 따뜻한 마음은 돌고 돌아 자기 자신에게로 돌아오지요.

다른 사람을 향한 친절은
나의 마음과 건강을 지키는 무기다.

나만의 확고한 스타일을
정립한다

패션에는 인내가 필요하다고들 말하지만, 저는 참고 견디는 게 딱 질색입니다. 후다닥 쉽게 입을 수 있고 입었을 때 편안하며 개성 있어 마음이 들뜨는, 어디서 어떻게 봐도 저다운 패션이 저에게는 최고의 멋입니다.

흰 가운은 오랜 세월 함께해온 저의 작업복입니다. 이 옷을 걸치면 순식간에 의사로서의 스위치가 켜지지요. 그래서 사람들 앞에서 강연을 하거나 작가로 일할 때는 흰 가운을 입지 않습니다.

대신 평소에는 스톨(머플러보다 폭이 넓고 소재가 다양해 사시사철 목에 두르거나 어깨에 걸칠 수 있는 천-옮긴이)과 모자를 즐겨 사용합니다. 아주 요긴한 아이템이지요. 모자는 정장은 물론 캐주얼하고 편안한 티셔츠마저 그럴듯하게 만들어주는 장점이 있습니다. 스톨은 가볍게 둘러주기만 하면 목 주변이 허전할 때 좋은 패션 아이템이 되고, 날씨가 쌀쌀할 때는 추위도 막아주어 편리하지요.

　예전에 일본의 유명한 모자 디자이너 히라타 아키오 씨의 가게를 방문한 적이 있습니다. 그때 그에게 들은 말이 여전히 기억납니다.

　"지금은 안 어울려 보여도 계속 쓰다 보면 자신의 일부가 됩니다."

　당시 두근두근 설레는 마음으로 맞춘 파나마모자는 이제는 그의 말대로 완전히 제 몸의 일부처럼 친근해졌습니다.

　자신이 좋아하는 평소 스타일을 정해두면 매일 옷차림에 대해 이것저것 골치 아프게 생각할 필요가 없어서 아주 편합니다. 거기에 새로운 아이템을 더하거나 아예 다른 스타일을 시도해보면 색다른 즐거움이 배가 됩니다. 평소 자신이 즐겨 입는 확고한 스타일을 만들어두면 노년도 얼마든지 근사하게 보낼 수 있습니다.

자신만의 확고한 스타일을 만들어두자.
매일 옷차림을 고민하지 않아도 되고
기분도 좋아진다.

젊고 아름다운 사람은 자연의 우연한 산물이지만,
늙고 아름다운 사람은 하나의 예술작품이다.

-엘리너 루스벨트

다음 세대를
생각한다

저는 최근에 《인구 전략 법안: 인구 감소를 멈출 대책은 있는가》이라는 소설을 읽고 큰 충격을 받았습니다. 저자인 야마사키 시로 씨는 전 후생노동성 관료입니다. 일본의 요양보험(개호보험) 제도를 만드는 데 중요한 역할을 한 사람 중 한 명이지요.

소설에서는 인구 전략 법안으로 '어린이 보험 구상'을 펼칩니다. 돌봄을 사회화해야 한다는 요양보험처럼 어린이를 사회가 키워야 한다는 법안이지요. 소설이지만 모두 현실의 상세한 데이터들을 바탕으로 하고 있어 무척 설득력이 있었습니다.

노벨 경제학상을 수상한 경제학자 군나르 뮈르달은 이렇게 말했습니다.

"인구가 감소하면 소비와 투자가 줄어들고 실업과 빈곤이 늘어납니다. 그리고 머지않아 젊은 세대와 고령 세대 사이에 갈등이 발생합니다."

이런 사태가 벌어지기 전에 아이를 낳고자 하는 사람이 걱정 없이 아이를 낳을 수 있는 사회를 만들어야 합니다.

오랜 기간 고령자들의 건강을 위해 힘써온 저는 육아와는 그다지 관계가 없는 삶을 살아왔습니다. 일이 바쁘다는 이유로 아이 키우는 일을 아내에게 몽땅 맡기다시피 했지요. 그런 제가 육아를 돕고 격려한다는 사실이 이상해 보이기도 하지만, 사실 전혀 이상하지 않습니다.

인류학자 크리스틴 호크스가 주장한 '할머니 가설'을 들어보셨나요? 인간은 어째서 다른 동물들과 달리 자녀를 낳아 모두 키운 뒤에도 긴 여생을 사는가에 대해 그녀는 다음과 같이 설명합니다.

"아이를 키워본 경험이 있는 할머니가 육아를 도와주면 부모의 부담이 줄어들고 다음 자녀의 출산과 육아도 한결 수월해지기 때문입니다."

즉, 할머니의 긴 수명은 오래도록 살아남기 위한 인간의 생존 전략이라는 겁니다.

그렇다면 할아버지의 역할은 무엇일까요? 여기서부터는 저의 가설입니다. 할아버지가 할머니에 비해 수명이 짧은 이유 중 하나는 육아에 도움을 주는 역할이 명확하지 않아서가 아닐까요. 제가 젊었을 때는 '남자는 바깥일, 여자는 집안일' 같은 고정관념이 짙게 남아 있어 육아에 적극적으로 참여하기가 쉽지 않았습니다.

하지만 지금은 할아버지도 아이들을 돌보거나 식사를 챙겨주거나 공부와 놀이를 가르쳐주는 등 다양한 역할을 맡고 있습니다. 이처럼 남성이 육아에 힘을 발휘하면 흥미로운 일이 벌어질지도 모른다는 것이 저의 '할아버지 가설'이지요.

할머니, 할아버지의 활약은 부모 세대와 손주 세대에게 많은 도움이 될 뿐만 아니라 할머니, 할아버지 본인도 뇌가 자극되어 치매를 예방할 수 있고 심장병이나 혈관 질환으로 사망할 위험성도 낮아진다고 합니다.

미국의 심리학자 에릭 에릭슨은 다음 세대를 위한 가치를 만들어내는 데 적극적으로 임하는 것, 즉 생식성 generativity(다음 세대를 육성하는 능력)이 중년기의 '정체'를 깨트려준다고 말했습니다.

저도 벌써 후기 고령자(75세 이상의 고령자-옮긴이)입니다. 우리 세대의 의료비와 돌봄 비용도 물론 걱정이기는 하지만, 그 문제는 잠시 옆으로 미뤄두고 다음 세대에게 힘을 보태줄 수 있는 존재가 되고 싶습니다.

사회의 할머니, 할아버지로서 다음 100년을
함께 고민하자.

좁은 시야에서
벗어난다

스와호 근처에 하라다 다이지 미술관이 있습니다. 모든 사람의 마음속에 깃든 그리운 고향 풍경을 화폭에 담아낸 화가, 하라다 다이지의 세계를 만끽할 수 있는 멋진 미술관입니다.

하라다 씨는 한 살 때 소아마비를 앓았습니다. 처음에는 거의 설 수조차 없어서 바닥에 눕거나 앉은 채 낮은 곳에서 세상을 바라보며 자랐습니다. 그러다 보니 땅바닥에 기어다니는 '벌레의 눈'을 갖게 되었습니다. 전쟁 중에는 산 위로 몸을 피해 생활하면서 높은 곳에서 마을을 내려다보며 살았습니다. 하늘을 날며 아래 펼쳐진 풍경을 한눈에 담는 '새의 눈'을 갖게 되었지요.

이후 화가가 된 하라다 씨는 휠체어를 타고 전국을 이리저리 활보하며 고즈넉한 일본의 옛 풍경을 끊임없이 그림에 담아냈습니다. 이미 여러 가지 눈을 갖고 있었던 그는 이제 세상을 자유롭게 누비는 '바람의 눈'까지 갖게 되었습니다. 그의 작품은 〈아사히신문〉 일요판에 연재되며 일본 전역에서, 아니 전 세계에서 주목받았습니다.

세상을 보는 관점에는 여러 종류가 있습니다. 평소와 다른 관점으로 사물을 바라보려면 높디높은 빌딩이나 산 위에 서서 아래를 내려다보거나, 돋보기 또는 현미경으로 세세한 부분을 관찰해야 하지요. 혹은 VR(가상현실)을 이용해서 실제로는 볼 수 없는 공간을 보는 방법도 있습니다.

사물이나 현상을 바라보는 태도와 방향, 즉 관점이란 바꾸기가 쉽지 않습니다. 하지만 실제로 우리가 가진 두 눈을 다른 방식으로 사용하면, 뇌가 새로운 자극을 받고 사물을 보는 방식도 다각도로 변화하기 마련이지요. 다양한 관점을 손에 넣으면 살아가는 방식도 그만큼 자유로워집니다. 그리고 그렇게 다양한 시각으로 자유롭게 살아가는 삶은 그 자체로 아름다운 예술이 됩니다.

쪼그리고 가까이서 들여다보기도 하고,
높은 곳에서 내려다보기도 하고.
관점의 변화는 다양한 발견을 선사한다.

정답이 아닌,
나만의 해답을 찾는다

우리의 몸은 하나의 수정란에서 비롯되었습니다. 그 수정란이 몇 번이고 세포 분열을 거듭하며 근육 세포, 신경 세포 등 각각 역할에 걸맞은 형태와 기능을 갖추며 분화되었지요. 그렇습니다. 세포는 무엇이든 될 수 있는 힘을 가졌습니다.

간세포(줄기세포)는 필요에 따라 모습을 바꾸어 점막 세포가 되거나 적혈구와 백혈구 세포로 거듭나 신체 기능에 문제가 생기지 않도록 작용합니다. 재생의료 분야에서 주목하는 iPS세포(유도만능 줄기세포)는 인공적으로 만들어낸 간세포이지요.

　나카무라 데쓰라는 이름의 한 의사가 있었습니다. 그가 살아온 방식은 마치 간세포와 같았습니다. 신경과 의사인 그는 파키스탄과 아프가니스탄에서 활동했습니다. 물이 있으면 많은 질병과 난민 문제를 해결할 수 있다며 사막에 25킬로미터가 넘는 기다란 용수로를 만들었지요. 청진기를 드는 대신 중장비를 타고 농민 10만여 명이 살아갈 수 있는 땅을 만들었습니다.
　"나는 의사이니 의료 분야를 통해 사회에 공헌해야지"라는 생각은 하나의 정답에 지나지 않습니다. 나카무라 데쓰는 그 정답을 잠시 잊고 다른 해답을 찾은 사람이었습니다.

　간세포에게 정답이란 그 순간 자신이 처한 상황에 따라 매번 달라집니다. 우리 몸 안에는 그런 간세포가 살고 있지요. 그러니 누구나 몸속에 새로운 자신으로 거듭날 수 있는 시스템이 숨어 있다고 믿어도 좋습니다. 몸은 당신의 결단을 기다리고 있습니다.

간세포처럼 유연하게, 사사로움 없는 마음으로, 변화하는 상황 속에서 그 순간 나만의 해답을 내 안에서 찾아낼 수 있는가. 저 또한 늘 스스로에게 질문하며 살아가고 있습니다.

당신 안에도 간세포가 살고 있다.
그러므로 하나의 정답에 얽매이지 않고
자신만의 해답에 따라 살아갈 힘이 있다.
자, 지금부터 다시 시작이다.

인생의 군살을
덜어내고 자유롭게

오랜 세월 살다 보면 삶에도 어느새 쓸데없는 군살이 생깁니다. 내장에 지방이 쌓이면 건강을 해치듯이 삶에도 아무 의미 없는 습관이나 낡은 상식 같은 군살이 붙으면 인생의 자유를 빼앗고 하루하루를 괴롭게 만드는 원인이 되지요.

몸에 붙은 지방은 근육 단련이나 걷기 같은 운동을 하고 근육의 토대가 되는 단백질을 충분히 섭취해서 없앨 수 있습니다. 반면 삶의 군살을 없애는 방법은 단 하나뿐입니다. 바로 잊어도 되는 것들은 잊어버리는 것이지요.

60세 정도가 되면 건강에 대한 생각을 바꾸고 새로운 습관을 익혀나가는 것이 중요하다고 이야기했습니다. 쓸데없는 힘이나 잘못된 노력, 그럴듯해 보이지만 실속 없는 습관, 자신과 타인에게 상처를 주는 고정관념…. 이 모든 것에서 이제 자유로워집시다.

하나도 빠짐없이 모두 잘해내려고 아등바등하기보다는 적절히 힘을 빼고 몸과 마음의 상태를 조절하는 호르몬과 자율 신경의 리듬에 적당히 몸을 맡겨보세요. 그러면 의외로 좋은 결과가 나오기도 한다는 점을 꼭 기억해둡시다.

이제는 장수의 시대, 정말 중요한 것은 생명의 질입니다. 'PPH(팔팔하게, 훌쩍)'라는 삶의 방식을 다시 한번 권합니다. 마지막까지 팔팔하고 건강하게 살다가 훌쩍 떠나기 위해서는 운동과 단백질로 다진 '근육의 힘'과 '잊는 힘'이 필요합니다. 근육은 건강을 만들고, 잊는 힘은 인생을 한결 더 재미있고 알찬 시간으로 만들어줍니다.

이 책은 겐토샤의 고바야시 슌스케 씨, 저술가 사카모

토 유미 씨와 매달 줌으로 미팅을 하며 완성했습니다. 저 또한 자꾸 깜빡깜빡하는 일이 늘어나 나이가 되었습니다만, "잊어버리는 것을 두려워하지 말고 변화할 용기를 갖자!"라고 저 스스로를 격려하며 여기까지 왔습니다.

이 책이 여러분이 누릴 노년의 신진대사를 촉진하기를 바랍니다. 정체된 하루하루를 보내고 있었다면 앞으로의 날들이 좋은 방향으로 움직이는 계기가 되기를 바랍니다.

젊음은 인생의 한 부분일 뿐, 전부는 아니다.
나이 듦은 새로운 기회와 가능성의 시작이다.

- 베리 화이트

적당히 잊어버려도
좋은 나이입니다

초판 발행 · 2024년 7월 1일
초판 3쇄 발행 · 2024년 10월 1일

지은이 · 가마타 미노루
옮긴이 · 지소연
발행인 · 이종원
발행처 · (주)도서출판 길벗
브랜드 · 더퀘스트
주소 · 서울시 마포구 월드컵로 10길 56(서교동)
대표 전화 · 02)332–0931 | **팩스** · 02)323–0586
출판사 등록일 · 1990년 12월 24일
홈페이지 · www.gilbut.co.kr | **이메일** · gilbut@gilbut.co.kr

기획 및 책임편집 · 유예진 (jasmine@gilbut.co.kr), 송은경, 오수영 | **제작** · 이준호, 손일순, 이진혁
마케팅 · 정경원, 김선영, 정지연, 이지원, 이지현 | **유통혁신팀** · 한준희
영업관리 · 김명자 | **독자지원** · 윤정아

디자인 · 어나더페이퍼 | **교정** · 김정희
CTP 출력 및 인쇄 · 금강인쇄 | **제본** · 금강인쇄

- 더퀘스트는 ㈜도서출판 길벗의 인문교양·비즈니스 단행본 브랜드입니다.
- 이 책은 저작권법에 따라 보호받는 저작물이므로 무단전재와 무단복제를 금합니다. 이 책의 전부 또는 일부를 이용하려면 반드시 사전에 저작권자와 (주)도서출판 길벗(더퀘스트)의 서면 동의를 받아야 합니다.
- 잘못 만든 책은 구입한 서점에서 바꿔 드립니다.

ISBN 979-11-407-0959-5 (03190)
(길벗 도서번호 090255)

정가 17,700원

독자의 1초를 아껴주는 길벗출판사
(주)도서출판 길벗 IT교육서, IT단행본, 경제경영, 교양, 성인어학, 자녀교육, 취미실용 www.gilbut.co.kr
길벗스쿨 국어학습, 수학학습, 어린이교양, 주니어 어학학습, 학습단행본 www.gilbutschool.co.kr